collection
cascade

ROSELYNE BERTIN

TEMPÊTE SUR L'ERIKA

ILLUSTRATIONS DE MICHEL RIU

RAGEOT•ÉDITEUR

« Au-dessus de l'île on voit des oiseaux
Tout autour de l'île il y a de l'eau... »

Chasse à l'enfant
Jacques Prévert

Collection dirigée par Caroline Westberg

ISBN 2-7002-2698-4
ISSN 1142-8252

NAUFRAGES...

Le ciel était d'un gris de plomb, presque violet à l'horizon. Et la mer était noire, crêtée d'écume au sommet des vagues qui, sans relâche, déferlaient à la rencontre du navire. Plus hautes les unes que les autres, avec des creux de huit à dix mètres. Elles secouaient furieusement le bâtiment, le soulevaient comme un jouet de plastique, puis le rejetaient dans un grondement. Et elles s'enfuyaient, pressées d'aller se mesurer à un autre obstacle, laissant derrière elles un remous bouillonnant. Les murailles d'eau se dressaient et s'ouvraient sans cesse devant le bateau ; il tanguait et grinçait sous les coups de bélier des grosses lames qui balayaient le pont, sous les grains qui se succédaient, battant les tôles dans un tintamarre assourdissant.

Les tôles, Rajiv les écoutait résonner à chaque coup de boutoir de la mer en folie.

Allongé sur sa couchette dans les locaux du château arrière, le nez contre le hublot, il surveillait la lueur blafarde à l'horizon qui indiquait que le jour, malgré tout, était en train de naître. Au-dessus de lui, Jernat gémissait dans son sommeil et, parfois, poussait un ronflement sonore. On entendait le halètement provenant de la salle des machines située sous les cabines. Une rumeur à laquelle Rajiv était habitué, un bourdonnement familier, rassurant : le rythme même du cœur du navire qui les emportait, d'un port à l'autre.

C'était son premier voyage, sa première embauche. Il avait embarqué grâce à Jernat, son cousin, qui naviguait depuis trois ans déjà. Rajiv, lui, traînait sur le port de Bombay, nourri dès l'enfance de récits de voyages par ses oncles et ses cousins. Il gagnait quelques roupies par-ci par-là, tour à tour mousse, pêcheur, docker...

Et voilà que, quatre mois plus tôt, la chance lui avait souri sous la forme d'un vrai contrat de travail : aide-mécanicien à bord d'un pétrolier ! Après des années passées à piétiner sur le port, à caboter le long des côtes, la haute mer, enfin ! Le monde offert à ses regards, bien au-delà des grues, des môles, de la jetée qui limitaient son horizon. Et la perspective d'apprendre un métier.

– Ne t'emballe pas trop, l'avait prévenu Jernat. Aide-mécanicien, ça veut seulement dire que tu feras tout le sale boulot d'entretien des machines. Dans la graisse de la tête aux pieds. La chaleur et la soif. Douze heures par jour.

– Et alors ? Ici aussi je bosse douze heures par jour. Les pieds rivés à la pierre des quais. Là, je serai en mer des mois durant ! Et j'apprendrai le métier, tout en faisant le sale boulot, avait conclu Rajiv.

Jernat n'avait pas essayé de doucher davantage son enthousiasme. Cinq jours après, ils embarquaient ensemble.

Alors avait commencé la belle aventure...

C'est vrai qu'il lui fallait travailler dur, au service impitoyable du monstre qui rugissait dans les entrailles du navire. Que la chaleur était suffocante. Qu'il remontait sur le pont hébété de fatigue et noir de graisse, si las qu'il avait à peine la force de prendre une douche jamais assez rafraîchissante avant de s'écrouler sur sa couchette.

Mais l'aube sur l'océan était si belle qu'elle le payait des longues heures passées à entretenir les machines, qu'elle le lavait de la crasse qui, au fil des semaines, endeuillait ses ongles et s'incrustait dans les pores de sa peau.

D'un océan à l'autre, d'un port à un autre port, Rajiv avait découvert l'Europe, l'hiver et le froid. Deux jours plus tôt, le navire avait quitté Dunkerque après avoir empli ses soutes d'une cargaison de 28 000 tonnes d'hydrocarbures. La veille, il était passé au large du nez camard de la Bretagne, sous des grains incessants et par un vent de force 9 à 10. Il faisait route vers le port de Milazzo, en Italie. Un pays du sud, un pays de soleil, lui avait dit Jernat.

Le soleil... Mais quand donc réapparaîtrait-il ? Une lame heurta violemment la coque. Rajiv s'agrippa aux montants de sa couchette ; Jernat se releva avec un cri de frayeur, se cogna contre la cloison, poussa un grognement. Rajiv éclata de rire.

– Fichu temps ! maugréa Jernat. Et fichue mer ! Et fichu métier ! Et fichu rafiot !

– Arrête de râler. D'accord, la tempête, ce n'est pas drôle, mais le bateau n'y est pour rien, il fait ce qu'il peut ! Tu entends comme il souffre... Pauvre *Erika*...

Dans la pluie et le vent, indifférents aux vagues énormes qui les ballottaient, les oiseaux marins dormaient. Ils étaient plus de deux cents qui, depuis la fin du mois d'août, vagabondaient en haute mer. La colonie se composait de pingouins et de guillemots ; quelques macareux les accompagnaient. Ils vivaient sur l'eau, nageant en bandes, leurs corps légers flottant comme des bouchons. La mer leur fournissait en abondance poissons, crustacés et mollusques. Elle leur offrait aussi le mouvement berceur de ses vagues pour s'endormir, la tête sous l'aile.

En raison de la tempête qui sévissait depuis plusieurs jours, quelques vieux guillemots avaient quitté le groupe pour regagner l'abri des rochers. Mais les autres étaient restés au grand large, insoucieux des grains qui se succédaient et, en cette fin de nuit, ils continuaient à dormir.

Quand ils ouvrirent un œil sur le jour livide qui tardait à naître, ils s'ébrouèrent, ébouriffant leurs plumes. Autour d'eux, la mer dressait des murailles liquides qui culminaient en gerbes d'écume avant de retomber.

La colonie s'élança soudain, dans un vol rapide, se déplaça en nuée au ras de l'eau. Un oiseau se posa à la crête des vagues. Puis un autre. Un autre encore. Enfin, tous s'abattirent. Un d'eux s'immergea, ouvrant les ailes, et plusieurs suivirent : une nouvelle journée commençait.

La tête sur les poings et les coudes sur le bureau, Soizic s'efforçait d'accorder au professeur d'histoire toute l'attention qu'il était en droit d'attendre d'elle. Mais les Hébreux et leur fuite d'Égypte sous la direction de Moïse ne parvenaient pas à la captiver : comment s'intéresser à des événements advenus des milliers d'années auparavant ?

Elle soupira, détacha son regard du tableau sur lequel s'inscrivaient les noms d'Abraham, de Moïse, de David, et jeta un coup d'œil par la fenêtre. Le jour se levait à peine, tirant de l'ombre le préau, la cour de récréation et le portail du collège. Les volets roulants claquèrent dans leurs rails, couvrirent la voix du professeur. Depuis plusieurs jours, le vent soufflait avec violence, broyait l'île dans un étau, courbant arbres et gens et jetant sur le quai des paquets de mer. Un long hululement se fit entendre dans la toiture. Puis la bourrasque retomba et M. Delval reprit son cours.

Sur le bureau, le coude de Soizic franchit la frontière invisible qui séparait son territoire de celui de Lucie, et lui donna deux petits coups. Lucie se tourna vers elle.

– Tu viens chez moi, cet aprèm ? articula silencieusement Soizic.

Lucie secoua la tête, répondit tout aussi silencieusement :

– Je ne peux pas.

– Pourquoi ?

Lucie lança un regard prudent dans la direction du professeur avant d'expliquer :

– Je prends le bateau de midi avec ma mère ; nous allons à Vannes, acheter les cadeaux de Noël ! Enfin... si le temps le permet...

– Tu en as de la chance ! Moi, ma mère ne veut jamais que je l'accompagne quand...

– Dis donc, Soizic Le Gall, je ne te dérange pas trop ? tonna la voix du professeur par-dessus les têtes des vingt-deux élèves de 6e B.

Il y eut des rires et un beau mouvement d'ensemble dans la direction de la coupable qui baissait le nez et se mordait la lèvre inférieure, présentant les signes de la plus parfaite contrition.

– Alors, on peut savoir ce que tu racontais à Mlle Lucie Tournier ?

– Ben, je... je... bredouillait Soizic, quand Lucie lui coupa la parole :

– C'est ma faute ! Je lui ai demandé si elle avait vu le film *Les Dix Commandements*.

– Admettons... En tout cas, je vous rappelle à toutes les deux, comme d'ailleurs à l'ensemble de la classe, que je ne tolère pas les conversations privées. Si vous avez quelque chose à dire, faites-en profiter le groupe ! C'est compris ?

– Oui, m'sieu, murmura Soizic, soulagée de s'en tirer à bon compte.

– Ouvrez vos livres à la page vingt-huit, enchaîna le professeur.

Les deux bavardes profitèrent du remue-ménage pour se sourire, complices, et, sous le bureau, se serrer très fort la main.

Tandis qu'un élève lisait le texte à haute voix, Soizic songeait à Lucie. Elle était arrivée à Belle-Île l'année précédente. Comme un cercle de curieuses et de curieux se formait autour d'elle le jour de la rentrée, elle avait lancé :

– Je m'appelle Lucie Tournier. Avant, j'habitais à Paris mais, pendant l'été, j'ai déménagé...

Elle avait ménagé un petit silence avant d'ajouter :

– Qui veut jouer avec moi ?

Soizic avait crié :

– Moi ! Moi, je veux bien jouer avec toi !

C'est ainsi qu'était née leur amitié.

Rajiv s'essuya le visage à la manche de sa combinaison de travail : la sueur lui coulait dans les yeux, brûlant ses paupières. Il jeta un nouveau coup d'œil en direction du chef mécanicien. Celui-ci paraissait soucieux, une ride sévère labourait son front et, vers midi, les hommes l'avaient surpris en conversation animée avec l'électricien et le diéséliste.

Dans l'après-midi, Rajiv, inquiet, avait questionné :

– Y a des problèmes, chef ?

Mani avait haussé les épaules, s'était voulu rassurant :

– Non, non... C'est la mer qui est forte... Et le bateau qui gîte...

– C'est grave ?

– Grave ? Sur un bateau, tout peut être grave !

Les yeux de Rajiv s'étaient agrandis de

crainte. Le chef lui avait donné une bourrade amicale et avait grogné :

– La mer, le vent, on en a l'habitude... Et ce bateau aussi... T'inquiète pas ! Tu as fait le graissage ?

– Oui, chef.

– Va voir Jernat, il a du boulot pour toi.

Rajiv avait rejoint son cousin dans la salle des machines.

À présent, la nuit venait. Mais nuit ou jour, quelle différence pour ceux qui travaillaient dans le ventre du navire ?

Loin de s'apaiser, le vent continuait à soulever la mer et la mer à cogner sourdement les tôles qui tremblaient.

Depuis qu'il était à bord, Rajiv n'avait jamais vécu pareille tempête. Au cours de la journée, il avait passé plusieurs fois une main furtive le long des flancs du bâtiment. L'avait retirée imprégnée de rouille. S'était essuyé contre sa combinaison. Que craignait-il ? La tempête était violente, oui, mais les hommes disaient qu'ils en avaient connu de bien pires. Et l'*Erika* était solide. Une brave fille qui tenait bien la mer. D'accord, elle avait vingt-cinq ans. Mais certains pétroliers en avaient trente ! Et puis, ces monstres ne sont pas des joujoux, ils sont construits avec des aciers épais, capables de résister aux pires tempêtes. Rien à craindre.

– Y a rien à craindre, pas vrai ? demanda malgré tout Rajiv à son cousin.

L'autre, occupé à changer une vanne récalcitrante, ne répondit pas aussitôt.

– Y a pas de raison d'avoir peur, n'est-ce pas ? insista l'adolescent.

– Peur ou pas peur, qu'est-ce que ça change ? grogna Jernat. On est sur la mer, y a qu'à naviguer, hein ?

– Bien sûr, mais je veux dire...

– Dis pas, y a des mots qu'on prononce jamais à bord d'un bateau.

Rajiv se mordit la lèvre, poussa un gros soupir. Jernat se rapprocha de son jeune cousin, se pencha vers lui pour chuchoter :

– L'*Erika* gîte anormalement. J'ai entendu le chef en parler avec d'autres... Là-haut, les officiers discutent : on va peut-être s'arrêter à Saint-Nazaire...

– À Saint... Saint quoi ?

– Saint-Nazaire.

– Qu'est-ce que c'est ?

– Un port... Dans un estuaire, bien à l'abri.

– Mais alors, on ne va plus en Italie ?

– Bien sûr que si ! Mais plus tard... On va peut-être relâcher deux trois jours, le temps que ça se calme.

– C'est le commandant Mathur qui l'a décidé ?

– Évidemment.

– C'est loin, Saint-Nazaire ?

Jernat eut un geste d'ignorance.

– Tu n'y es jamais allé ?

– Non, jamais... Passe-moi la clef de quinze.

Rajiv tendit l'outil puis, retourné à ses graissages, se prit à rêver. Saint-Nazaire... C'était un drôle de nom, difficile à prononcer. Un nom de nuit et de pluie. De tempête et de froid.

En embarquant, il avait imaginé les escales comme des haltes merveilleuses. La découverte de villes étranges. La liberté de déambuler dans leurs avenues, les mains aux poches, auréolé de son prestige de navigateur venu du bout du monde...

Il avait vite déchanté. Les vraies escales étaient rares. Plus rares encore les escapades en ville. On restait un jour à quai. Et encore ! Parfois vingt, vingt-deux heures, le temps de charger ou de décharger, souvent très loin de la ville elle-même, au large d'une raffinerie et il arrivait que les marins soient consignés à bord. Rajiv rongeait son frein, ouvrait sur le monde qu'il devinait derrière les entrepôts, les cuves, les grilles et les hangars des yeux immenses. Un jour, devenu capitaine à son tour, il parcourrait les ports une fortune en poche. Un jour...

Il avait faim. Il souleva la manche de son bleu de travail, lorgna sa montre : six heures. La fatigue pesait sur lui comme une chape de plomb. Des étoiles dansaient devant ses yeux. Il eut envie, envie à en pleurer, de sentir sur sa peau la caresse du soleil.

Mais le soleil brillait-il encore quelque part, au-delà de cette nuit de tempête ?

Les oiseaux marins avaient pêché tout le jour. Vingt fois, cent fois, ils avaient répété la même manœuvre. Se poser à la surface, fendre d'un coup de reins la masse liquide, nager sous l'eau à petits battements d'ailes, fondre sur les poissons dont les écailles brillent et remonter enfin, la proie ruisselante en travers du bec. Vingt fois, cent fois, des bagarres avaient éclaté, donnant lieu à des poursuites ponctuées de cris rauques.

Grisée d'embruns, de pluie, de vent, la colonie se posait sur l'eau pour dormir lorsqu'un chalutier surgit, tous feux allumés dans le crépuscule : l'*Arc-en-ciel* rentrait au port pour la criée. La mer et le vent portèrent jusqu'aux oiseaux les vrombissements de son passage et, d'une seule envolée, pingouins, guillemots et macareux s'élevèrent. Le bateau approchait dans des gerbes d'écume, suivi d'une cohorte de mouettes et de goélands qui tournaient et criaient sans relâche. Sur le pont, les pêcheurs s'activaient, triant le contenu des énormes chaluts qu'ils avaient remontés et dans les mailles desquels merlans, daurades, harengs et grondins étaient embroqués. Des appels jaillissaient, des morceaux de phrases, des interjections, que le bruit du moteur couvrait très vite et qui se perdaient, happés par le vent sur les lèvres des hommes.

Puis le bateau disparut, avalé par l'ombre descendante et les creux des vagues.

Les mouettes et les goélands qui l'escortaient ne furent plus qu'un souvenir.

Pendant un instant, la mer déchaînée sembla s'apaiser et le vent mollit. Arr, arr, arr, cria un guillemot dans le silence soudain. Puis le vent souleva une vague énorme, la pluie se remit à crépiter, les dernières lueurs de jour s'effacèrent. Une nouvelle nuit venait.

Le chalutier réapparaissait régulièrement à la crête des vagues ; les hommes aux cirés ruisselants avaient enroulé le chalut sur le portique arrière et rangé les paniers. Col remonté, bonnet tiré au ras des sourcils, frappant l'une contre l'autre leurs mains gantées de caoutchouc, ils ne parlaient pas, perdus dans leurs pensées : le port, la halle, la criée, la maison, la soupe très chaude qui fume dans les assiettes. Et le lit sur lequel ils s'écrouleraient, abrutis de fatigue. Demain, c'était dimanche. Grasse matinée. Pas de départ en mer. Si seulement ce temps de chien voulait bien prendre fin... Mais la météo n'était pas encourageante...

Plus hardi ou plus fatigué que les autres, un goéland se posa sur le toit de la cabine de pilotage, replia ses ailes. Statufié, il se détacha à contre ciel. Quelques hommes tournèrent la tête dans sa direction...

Mais regardaient-ils l'oiseau blanc immobile ou la ligne sombre de la terre qui se rapprochait enfin ?

– Bon sang, grouille-toi ! répéta Yann pour la énième fois.

– Mais tu m'énerves ! Je me grouille ! Tu le vois pas ? hurla Fanch.

– Non, je vois rien du tout. Rien qu'un mollasson qui n'appuie pas sur les pédales. C'est bien la peine d'avoir un VTT neuf...

– Il est pas neuf mon VTT, je l'ai eu pour mes neuf ans, ça fait déjà presque un an, et d'une ! Et de deux, si t'es pas content tu n'as qu'à filer devant, je rentrerai tout seul à la maison !

– C'est ça ! cria Yann. Et moi je me ferai sonner les cloches parce que je t'aurai laissé ! Tu dis vraiment n'importe quoi !

– Tu m'embêtes ! répondit Fanch. Tu m'empêches de pédaler tranquille ! Va-t'en devant avec Soizic et fiche-moi la paix !

– Pas question, tu ne dois pas rester en arrière.

– Tu m'embêtes, tu m'embêtes et tu m'embêtes !!!

– Tu avais qu'à pas venir. Personne ne t'a obligé à nous suivre.

– Et pourquoi je ne serais pas venu ? Moi aussi j'aime bien aller à Sauzon chez les cousins ! Pourquoi ce seraient seulement Soizic et toi qui pourraient y aller ?

– Parce que nous, on est capables de revenir sans faire d'histoires et toi non.

– Je ne fais pas d'histoires, mais je suis fatigué parce qu'il y a de la pluie et du vent et qu'avec...

– C'est une île, ici, coupa Yann. Sur les îles, il y a du vent.

– Et merde ! hurla Fanch.

De rage, il s'acharna sur les pédales, fit un écart et ne retrouva son équilibre qu'en posant précipitamment pied à terre. Furieux, il glissa un œil dans la direction de son frère, mais Yann semblait n'avoir rien vu. Courbé sur sa machine, il avançait régulièrement, le capuchon de son blouson rabattu jusqu'aux yeux, le nez à hauteur du guidon. Il avait en point de mire la silhouette de Soizic qui avait pris de l'avance. Il songeait qu'elle avait de la chance de n'être pas l'aînée.

La départementale filait à travers champs. Elle coupait l'île presque en droite ligne du nord-ouest au sud-est, de Sauzon à Locmaria. Les trois enfants avaient dépassé le carrefour des Quatre-Chemins où l'on croise la route venue de Le Palais. Encore quelques kilomètres et ils tourneraient à droite vers le Grand Cosquet.

C'était là qu'ils habitaient, là que Soizic et Fanch étaient nés. Yann avait vu le jour sur le continent, dans la banlieue de Nantes, mais il ne gardait aucune image de ces années-là. Ses premiers souvenirs étaient ceux du vieux village où ses parents s'étaient installés, son père ayant été nommé à sa demande professeur de sport au collège de Le Palais. Il profitait du moindre instant de liberté pour retaper la bicoque dans laquelle ils campaient plus ou moins depuis leur arrivée, mal chauffés et éclairés par des baladeuses de chantier.

Les années avaient passé et la fermette vétuste, nourrie de centaines d'heures de travail et d'amour têtu, était devenue une gentille maison, basse de plafond sous son grenier aménagé en chambrettes, et fleurie, à la belle saison, de roses trémières, de volubilis et de lupins. Cependant elle gardait, avec ses cotes mal taillées, un air d'inachèvement, et la bétonnière qui somnolait dans la cour auprès d'un tas de sable disait assez qu'Yves Le Gall n'en avait pas fini avec la restauration de sa demeure.

Le Grand Cosquet aux ruelles tortueuses n'avait de grand que le nom. Quelques familles y vivaient toute l'année, mais la plupart des maisons appartenaient à des vacanciers qui y passaient l'été. Bien entretenues, elles avaient bel air, pourtant elles semblaient tristes sous leurs paupières closes. Il restait encore trois ou quatre habitations abandonnées et menaçant ruine dans lesquelles les enfants Le Gall allaient robinsonner avec les autres enfants du village, mais tous savaient qu'un jour prochain elles aussi seraient rachetées.

Yann se rendit compte que, perdu dans ses pensées, il avait largement distancé Fanch. Il ralentit, puis s'arrêta afin d'essuyer sur sa manche son visage ruisselant. À quoi bon ? Son vêtement était trempé, et son jogging à tordre ; le tissu lourd et glacé lui collait aux jambes.

La nuit venait. Sa longue langue léchait les bords de l'horizon, avalant gloutonnement les arbres nus, les fermes isolées. Les voitures que les enfants croisaient de loin en loin roulaient en codes ; elles creusaient dans le crépuscule un double sillon lumineux ; leurs roues, avec un « splatch », faisaient gicler des gerbes d'eau.

– Dépêche ! cria Yann à Fanch qui le rejoignait. On n'a pas de lumières et il commence à faire nuit. Allez, on est bientôt rentrés !

Le petit frère ne répliqua pas, il se contenta de renifler bruyamment pour aspirer la chandelle de morve qui brillait sous son nez.

Encore trois cents mètres et ce serait le village dont on distinguait les premières maisons. Yann aimait le Grand Cosquet. Il songea qu'il lui restait à peine deux ans avant d'entrer en seconde, avant le départ en internat sur le continent. Il lui faudrait quitter son île, des jours durant.

– Vous en avez mis du temps ! s'exclama Soizic comme les garçons arrivaient à sa hauteur.

– Forcément... Avec un flemmard pareil ! grogna Yann.

– Flemmard toi-même ! s'insurgea Fanch à qui la proximité de la maison rendait sa combativité. Toi, quand tu avais neuf ans trois quarts, tu n'avais personne pour te dire d'aller plus vite !

– Tu parles ! J'avais papa sur le dos et je t'assure qu'avec lui je ne rigolais pas tous les jours.

– N'empêche... marmonna Fanch, histoire d'avoir le dernier mot.

Ils arrivaient dans la cour. La porte de la cuisine s'ouvrit sur un rectangle de lumière, de chaleur.

– Rangez vite vos vélos et venez vous changer, dit Anne Le Gall.

Elle ajouta :

– Je commençais à m'inquiéter…

Le remorqueur *Abeille Flandre* dormait dans la baie du Stiff, veillé par l'œil vigilant du phare. Au-dehors, ça grêlait dur ; le vent hululait dans les structures, jetait sur le remorqueur des poignées d'embruns qui poissaient de sel ponts et passerelles.

Dedans, loin du claquement des drisses et des coups de gueule de la tempête, l'équipage, installé au salon, regardait tranquillement à la télévision l'élection de Miss France. D'ailleurs, c'était chose faite, elle était élue, Miss France. Sonia Roland, une Bourguignonne originaire de Cluny.

L'un après l'autre, les hommes se détournèrent du téléviseur, s'étirèrent avec des bâillements. Les uns se dirigeaient vers le bar pour un dernier verre, les autres regagnaient leur cabine. Demain c'était dimanche. Peut-être auraient-ils la chance de demeurer bien à l'abri à Ouessant malgré le mauvais temps persistant ?

Il était 5 heures 55 quand Charles Claden, le commandant de l'*Abeille Flandre*, s'éveilla. Le vent avait tourné et le navire était pris dans un grain violent. Il tendit l'oreille. Il lui semblait entendre des bruits de pas dans la coursive. Il ouvrit la porte, se trouva nez à nez avec l'officier radio.

– Mon commandant, le CROSS Corsen[1] a reçu des appels de détresse émanant du pétrolier *Erika*. L'*Erika* se trouve à 43° 13' de latitude Nord et 4° 34' de longitude Ouest, soit quarante milles au sud de Penmarch. L'*Erika* signale une voie d'eau...

– Bon, nous allons faire route sur cette position. Tu appelles la préfecture maritime, tu t'assures que les hélicoptères de la marine nationale se chargent du sauvetage des hommes. Et tu reviens me rendre compte. Je serai sur la passerelle avec le second.

– Oui, mon commandant.

À 6 heures 40, l'*Abeille Flandre* appareillait, quittait l'abri du mouillage, longeait les falaises du Stiff, sous les grains de plus en plus violents. Le vent d'ouest, dans les rafales, soufflait à plus de cent trente à l'heure ; des creux de dix mètres mangeaient le bateau dont les moteurs tournaient à pleine puissance. Sur le pont, les hommes

1. Centre Régional Opérationnel de Surveillance et de Sauvetage situé à Corsen.

en combinaisons matelassées marquées au nom de l'*Abeille Flandre* préparaient les gréements pour le remorquage, contrôlaient l'étanchéité des portes.

Le jour se levait quand le remorqueur passa le long de la pointe du Raz. À travers les écharpes de grisaille, on apercevait le phare de la Vieille. Le radio appela la passerelle :

– Mon commandant, l'*Erika* s'est cassé en deux. L'étrave flotte le bulbe en l'air, l'arrière aussi. Le capitaine estime qu'ils peuvent encore tenir trente minutes. Deux hélicoptères et un avion de patrouille maritime sont sur les lieux. Ils vont treuiller l'équipage.

– Et la SNSM[1] ?

– Elle a envoyé deux canots.

– Bon... Dis-leur qu'il nous faut environ quatre heures pour être sur place.

– Bien, mon commandant.

Charles Claden se tourna vers son second :

– Eh bien voilà, notre mission a changé de visage... Il ne s'agit plus d'un simple remorquage, le pétrolier s'est coupé en deux.

– C'est ce que j'ai compris.

– Comme le *Tanio* il y a vingt ans...

– Eh oui, comme le *Tanio*, et avec un risque majeur de pollution, je suppose ? Qu'est-ce qu'il transporte dans ses soutes, ce fichu rafiot ?

1. Société Nationale de Sauvetage en Mer.

– Je ne sais pas... Justement, demande donc à Jacques de s'informer un peu sur l'*Erika*. Qu'est-ce que c'est que ce bateau-là ?

– Ce bateau-là, gronda le second, je suis prêt à parier ma chemise que c'est encore un de ces navires-poubelles qui naviguent sous pavillon de complaisance. Sans double coque, évidemment, pas révisé et vieux de vingt-cinq ans !

– Tu as sûrement raison, soupira Charles Claden.

– Eh oui... Et les gars de la Marine nationale et de la SNSM vont risquer leur peau pour sauver un équipage qui n'aura pas pu faire autrement qu'obéir à un armateur véreux. Parce qu'enfin, ce pétrolier, s'il était en bon état, il ne se serait pas cassé en deux ! Et, vu les conditions météo, s'il était en mauvais état, il aurait dû se trouver à l'abri dans un port.

– Bien sûr, mais les armateurs ont le pouvoir et les capitaines obéissent. Pas question de relâcher... Surtout, ne pas perdre un jour, pas une heure, pas une minute !

– Oui, dit le second, et c'est nous qui allons récupérer leurs tas de tôles quand ils se brisent.

Il ajouta d'une voix sourde :

– Et le pétrole, qui ira le récupérer ?

Blotti dans le canot de sauvetage entre Jernat et Mani, le chef mécanicien, Rajiv essayait depuis deux heures de réprimer les longs frissons qui secouaient ses membres et faisaient s'entrechoquer ses dents. Il lui semblait que le froid qui s'était insinué sous ses vêtements avait percé sa peau et gelé sa chair jusqu'à l'os, que sa cervelle elle-même n'était qu'un bloc de glace, que son cœur broyé dans l'étau de ses côtes charriait un sang nourri de paillettes de givre.

Comme les autres membres de l'équipage qui avaient sauté dans le canot de survie, il levait à chaque instant les yeux vers le ciel, guettant l'arrivée des secours.

– On nous envoie des hélicoptères, avait assuré le commandant, ne vous inquiétez pas, tout ira bien.

Mais les hommes avaient beau tendre l'oreille, seul leur parvenait le rugissement de l'océan. Le petit canot dansait dans les creux, ballotté comme un bouchon, fouetté par les rafales qui l'avaient emporté loin de l'*Erika* sur lequel demeuraient le commandant Mathur et le reste de l'équipage. L'avant et l'arrière se dressaient encore au-dessus de l'eau et, par moments, apparaissaient aux yeux des passagers du canot ; le milieu du bâtiment, totalement immergé, avait disparu.

Rajiv crut entendre un bruit de moteur, il se dit qu'on venait enfin les sauver. Mais c'était seulement le vent qui grondait en gonflant des murs d'eau qui retombaient en cataractes autour de la fragile embarcation. Il se recroquevilla au milieu de ses compagnons, songea une fois de plus qu'il n'aurait jamais dû prêter attention aux récits de Jernat et de ses frères, jamais dû embarquer sur l'*Erika*.

Il revit la pièce unique dans laquelle vivait sa famille à Bombay, sa sœur préférée Radha, sa mère, agenouillée sur une natte tressée, dans son sari bleu. Il revit les ruelles descendant vers le port, noyées de foule et d'une lumière blanche, aveuglante. Il se demanda ce qu'il faisait sur cette mer déchaînée, sous le couvercle d'un ciel gris d'où ruisselait une pluie incessante, au large d'un pays qu'il ne connaissait pas. Et pourquoi ne s'était-on pas abrité dans ce port de Saint-Nazaire dont avait parlé Jernat ? « Ils nous ont refusé l'entrée du port », avait expliqué Mani. Refusé... Pourquoi refusé ?

Il pensa avec désespoir que l'hélicoptère ne viendrait jamais les chercher, que le sombre océan serait leur sépulture, qu'il n'avait que dix-huit ans et ne voulait pas mourir. Pas déjà. Pas ainsi. Pas ici.

Il se remémora à nouveau les événements de la nuit. Le réveil brutal à quatre heures du matin, la cloche résonnant à bord.

– Vite ! hurlait Jernat. Habille-toi ! Vite ! Vite !

Il avait enfilé ce qu'il possédait de plus chaud, avait rejoint les hommes qui bouclaient à la hâte leurs gilets de sauvetage. Malgré le fracas de la tempête, les appels et les galopades, il lui avait semblé qu'un silence inhabituel régnait sur le bâtiment. Soudain, il avait compris. Le commandant avait donné l'ordre de stopper les machines, le cœur de l'*Erika* avait cessé de battre. Alors, Rajiv avait eu peur.

C'est à six heures que le bateau s'était brisé en deux. Le fond avait cassé transversalement et les deux parties étaient restées reliées uniquement par la tôle du pont qui faisait charnière. Les hommes s'étaient retrouvés sur la passerelle tandis que le bateau commençait à couler. Ils avaient détaché le canot de sauvetage. Mani, d'une bourrade énergique, avait poussé Jernat et son cousin dans l'embarcation. Et Rajiv s'était mis à trembler.

– Les voilà !

Le cri arracha le garçon à sa torpeur. Deux hélicoptères, sortis du manteau de pluie, tournaient au-dessus du pétrolier qui tanguait et roulait. L'un des engins se dirigea rapidement vers le canot, s'immobilisa à la verticale des naufragés. Son ventre s'ouvrit, livrant passage à un homme qui commença à descendre au bout d'un câble, comme une araignée dévidant son fil. Des bras se tendirent vers le sauveteur, le tirèrent à l'intérieur de l'embarcation qui bondissait sur les vagues. L'homme expliqua rapidement au second le déroulement de la manœuvre, dans un anglais scolaire qui ne s'embarrassait pas de détails. Il conclut :

– You understand ?

– Yes, sir, répondit le second capitaine.

– Are you fine ? demanda le sauveteur.

Le second sourit, hocha gravement la tête :

– Yes, sir... We are.

– Alors, en avant ! dit l'homme. Let's go !

Les yeux agrandis de terreur, Rajiv vit s'envoler, tiré par le treuil, le premier marin ; son corps dansait et pendulait au bout du fil malgré la vigilance du pilote qui peinait à maintenir l'appareil le plus stable possible. L'adolescent se tourna vers Jernat, balbutia :

– Tu... tu as vu ? Tu... Tu te rends compte ?

– Ben oui ! On va tous y aller ! On sera tous sauvés ! Maudite *Erika*, elle aura pas notre peau !

– Je ne pourrai jamais me balancer comme ça au bout d'un fil...

Jernat regarda durement son cousin avant de lui lancer :

– Tu préfères crever ?

« Moi, je t'offrirai des perles de pluie venues de pays où il ne pleut pas... » chantait Jacques Brel au moment où Soizic arrivait au bas de l'escalier. Elle rattrapa une de ses mules, remonta sa culotte de pyjama et leva le nez pour renifler voluptueusement.

– Hum... Ça sent bon le pain grillé ici !

Sans transition, elle ajouta :

– Il dit n'importe quoi, ce type ! Si dans son pays il ne pleut pas, je ne vois pas comment il pourrait lui offrir des perles de pluie... Moi, si j'écris un truc pareil dans ma rédac, je me retrouve avec un énorme « Absurde » dans la marge, suivi de trois points d'exclamation au moins. Mais lui, il a tous les droits !

Anne Le Gall reposa sa tasse de thé :

– Eh oui, dit-elle, Jacques Brel était un grand poète. Tu as entendu la suite ? « Je creuserai la terre jusqu'après ma mort pour couvrir ton corps d'or et de lumière... »

– C'est bien ce que je dis, absurde !

Anne regarda sa fille en souriant.

– Je te trouve intransigeante. Tu as mal dormi ? La tempête t'a gênée ?

Soizic haussa les épaules.

– Je trouve que Jacques Brel, ton chanteur favori, dit des choses absurdes, et que c'est exagéré : personne n'aime comme ça. Ce sont des paroles en l'air. Quand les gens s'aiment, ils se mettent ensemble et, quand ils ne s'aiment plus, ils se séparent.

– Tu as entendu, Yves ? lança Anne vers le fond de la pièce.

– Oh oui, j'ai entendu, répondit Yves depuis le vieux canapé où il était enfoncé, entouré de journaux éparpillés. J'ai entendu et je suis navré de constater que notre fille a une vision de l'amour qui manque cruellement de romantisme.

– Et alors ? rétorqua Soizic en continuant à beurrer largement sa tranche de pain grillé. Tout le monde manque de romantisme, puisque personne ne fait par amour des choses complètement folles.

– Qu'en sais-tu ? demanda Anne.

– Il suffit de regarder autour de soi... Tiens, papa et toi, vous vous aimez, pas vrai ?

– Il semblerait.

– Bon. Et pourtant, vous n'avez jamais rien fait de complètement fou !

– Erreur, mademoiselle, dit Yves en s'extirpant du canapé pour mettre une bûche dans la cheminée. Grossière erreur.

– Ah oui ? Et qu'est-ce que tu as donc fait de si fou pour maman ?

Yves Le Gall batailla un moment avec le quartier de bois qui refusait de glisser sur les chenets, usa des pincettes pour le caler, puis du pique-feu pour rassembler les braises.

– Alors ? s'impatienta Soizic.

– Alors, par amour pour Anne, j'ai abandonné la compétition de haut niveau et fondé une famille de trois enfants !

– Et tu regrettes ? demanda Soizic.

– Ah non ! Je suis un romantique déraisonnable qui n'a jamais rien regretté.

– Ouais... Admettons... marmonna Soizic. Et toi, maman, qu'est-ce que tu as fait de fou pour papa ?

– Anne, dit Yves, a mis fin à une brillante carrière de secrétaire de direction pour se consacrer au pauvre homme qu'elle avait épousé et elle a accepté de quitter le continent pour s'enterrer à Belle-Île-en-Mer, à la suite de son incorrigible mari, las de la belle ville de Nantes.

– C'est vrai, maman, tu n'avais pas envie de partir ?

– Pas autant que papa, c'est certain.

– Ouais, bon... D'accord... J'ai des parents qui s'aiment à la Jacques Brel. Mais vous êtes sûrement des exceptions.

– J'espère bien que non ! s'écria Anne.

– Et lequel de vous deux me conduira chez ma copine Lucie après le repas ? questionna Soizic.

– Parce que tu vas chez Lucie ?

– Évidemment.

– Et à qui as-tu demandé l'autorisation ?

– À personne, mais Lucie et moi nous ne pouvons pas rester un jour sans nous voir. D'ailleurs, si...

– Tais-toi une minute s'il te plaît, coupa Yves brusquement.

Il se dirigea vers la chaîne hi-fi, monta le son du tuner. La voix du journaliste emplit l'espace :

– À six heures du matin, le capitaine de l'*Erika* a lancé un appel de détresse. Les hélicoptères de la Marine nationale se sont rendus aussitôt sur les lieux. Les opérations d'hélitreuillage des membres de l'équipage se poursuivent tandis que le remorqueur *Abeille Flandre* fait route vers le pétrolier... Notre prochain bulletin d'informations à dix heures.

Yves coupa le son.

– Et où se trouve-t-il, ce pétrolier ? demanda Anne.

– C'est justement ce que j'aimerais savoir, répondit Yves.

À quinze mètres au-dessus des vagues, glissant légèrement, les ailes étendues, trois grands oiseaux dessinaient des cercles. Blancs contre le gris du ciel et noires les pointes de leurs ailes étroites.

Parfois, ils rasaient la crête des vagues, puis remontaient avant de se précipiter dans les flots en piqué, presque à la verticale, ailes rabattues en arrière. Ils pénétraient dans l'eau jaillissant en écume, reparaissaient à la surface quelques secondes plus tard, ayant déjà avalé le poisson capturé.

C'étaient des fous de Bassan.

Ils remontèrent droit vers le ciel, leur plumage blanc accrochant un vague éclat de lumière, plongèrent à nouveau comme des flèches dans la mer démontée.

La matinée était bien avancée quand ils s'éloignèrent à tire-d'aile, rejoignirent la colonie de pingouins, de guillemots et de macareux qui s'étaient remis à pêcher dès le lever du jour. Non loin, les hélicoptères faisaient vrombir leurs ailes.

Les deux morceaux du pétrolier se séparèrent l'un de l'autre et dérivèrent, autonomes désormais. La proue se dressa peu à peu au-dessus des flots, rouge et noire sur le sombre océan, les lettres *Erika* se détachant sur l'étrave. Ruisselante, elle domina la mer et les hommes impuissants sur leurs embarcations puis, lentement, inexorablement, s'enfonça sous les eaux.

Un profond silence suivit, troublé seulement par les cris des oiseaux. Carrr... Carrr... Eurr... Eurr... Eurr... criaient les pingouins et les guillemots. Rro, rro... répondaient les macareux. Krahh... Krahh... reprenaient les fous de Bassan.

Les hommes ne disaient rien. Ils ne pouvaient détacher leurs regards de la vague sans cesse renouvelée qui avait englouti la passerelle avant et son bordage.

Les hélicoptères quittèrent le lieu du naufrage, firent route vers la terre lointaine dans un grand vrombissement. Les oiseaux s'étaient éloignés. Ils survolaient la poupe du pétrolier qui, à trois milles de là, tanguait et roulait ; elle dominait parfois de plus de vingt mètres l'*Abeille Flandre* qui la serrait de près pour la prendre en remorque et l'empêcher de dériver droit sur Belle-Île.

L'un des hélicoptères revint, treuilla deux hommes de l'*Abeille Flandre* et les déposa sur la poupe de l'*Erika*. Vite... Le câble... Le dérouler... Le connecter à celui du remorqueur... Quitter la poupe qui peut sombrer à chaque instant... Hélitreuillés à nouveau, les deux hommes regagnèrent le remorqueur. Le câble se tendit entre les deux bâtiments. Le soir descendait sur la mer. Une longue bataille commençait, car l'*Erika*, la nuit durant, ne cessa de se mettre en travers et de tirer sur la remorque.

Le matin se leva.

Le vent n'avait pas molli.

Les vagues étaient toujours hautes.

La remorque avait tenu et le convoi avait même gagné un peu de terrain. Charles Claden, le commandant de l'*Abeille Flandre*, se disait qu'avec un peu de chance l'*Erika* pourrait être remorqué au-delà du bord du plateau continental. Alors, des abysses de plus de trois mille mètres l'engloutiraient et sa cargaison, saisie par le grand froid des profondeurs, se solidifierait sur place.

La matinée du lundi s'écoula.

Gagner du temps... juste gagner du temps...

Soudain, à treize heures, la poupe de

l'*Erika* se souleva, montrant le dessous de sa quille, le safran, l'hélice gigantesque, avec une tranquille impudeur. À bord du remorqueur, les hommes regardaient, silencieux, figés.

L'épave se dressait droit vers le ciel où tournaient sans fin les oiseaux. Elle resta enfoncée à la verticale, menaçante, immobile, puis commença à sombrer dans les vagues mugissantes.

Les hommes de l'*Abeille Flandre* eurent juste le temps de larguer le câble.

Les oiseaux marins tournaient au-dessus du lieu où le monstre avait disparu.

Sur plusieurs dizaines de kilomètres, des guirlandes luisantes sillonnaient la mer. Le soleil déchira le voile de nuages. Les traînées de fioul s'irisèrent. Rose, bleu, vert, et même doré. C'était très joli.

Le soleil avait fini de percer l'épaisseur des nuages, délivrant un grand morceau de ciel bleu au-dessus de la rade de Brest crêtée de vagues courtes et dures. C'était lui que Rajiv regardait, encore incrédule et glacé.

L'hélicoptère amorça un virage, perdit de l'altitude et se posa enfin sur le terrain de la base aéronavale de Lanvéoc. Les rescapés se levèrent, titubèrent vers la sortie.

– Allez, secoue-toi ! Debout ! intima Mani, le chef mécanicien, au garçon hébété.

Rajiv se dressa comme un automate, serra autour de ses épaules la couverture dont l'avait enveloppé le médecin à son arrivée à bord. Il suivit ses compagnons sur l'aire d'atterrissage. Le petit groupe, piloté par le médecin, se dirigea vers l'infirmerie de la base.

Il y faisait merveilleusement calme et tiède. Dans la salle d'attente où les marins, l'un après l'autre, se laissaient lourdement tomber sur les chaises disposées le long des murs, il n'y avait plus ni pluie glacée, ni vent furieux, ni claquements de vagues, ni rugissements de moteurs, ni chocs de tôles...

Rajiv avait du mal à réaliser qu'il avait été enlevé par le treuil au canot de sauvetage dans lequel, durant trois heures, il avait frôlé la mort. Oui, c'était bien lui qui s'était balancé comme un pantin désarticulé au bout du filin avant de passer, enfin, son visage décomposé dans l'ouverture de l'appareil. Lui que l'on avait entouré, réconforté de grandes tapes dans le dos, réchauffé d'un gobelet de thé brûlant. Lui dont le médecin avait rapidement pris le pouls, examiné les yeux et palpé le corps avant de grogner « hypothermie ».

Ni la couverture épaisse, ni la boisson chaude, ni la présence rassurante de ses compagnons n'avaient pu venir à bout du froid terrible qui tenait Rajiv dans sa poigne. Il lui semblait que, sa vie durant, il aurait froid. Que, sa vie durant, il reverrait la proue de l'*Erika* dériver avant de se dresser et de sombrer au milieu des grains. Un sanglot l'avait secoué lorsque l'étrave avait disparu et il était certain d'avoir vu, à ce moment-là, les yeux de Mani, que l'on venait d'hélitreuiller, s'emplir de larmes.

Une main se posa sur l'épaule de Rajiv.

– Come with me, please... disait le médecin en se penchant vers lui.

Le garçon tourna un regard inquiet vers son cousin qui somnolait sur sa chaise. La voix amicale insista :

– Don't be afraid, come with me, boy !

Mani eut un geste qui signifiait « Va donc ! » et Rajiv se leva, soutenu par le médecin ; il vit, en franchissant le seuil, que Jernat, lui aussi, était emmené par un homme en blouse blanche. Il s'efforça de chasser de son esprit la vision de l'océan furieux, du pétrolier coupé en deux, et se prêta à l'examen médical. La voix du médecin était rassurante et venait peu à peu à bout de sa torpeur.

Après une douche très chaude qui fit circuler à nouveau son sang dans ses membres et desserra l'étau qui nouait ses muscles, l'adolescent se mit à table avec ses compagnons. On déposa devant lui une assiette fumante. Un flot de salive envahit sa bouche ; il mourait de faim.

– Tu en auras des choses à raconter ! déclara Jernat au même instant.

– Oui, murmura Rajiv, oui, bien sûr.

Il resta la cuillère en l'air, se demandant ce qu'il aurait envie de raconter et ce qu'il préférerait garder pour lui.

– Mange donc, tu en as besoin ! conseilla Mani.

Docile, Rajiv porta la cuillère à sa bouche. La soupe était brûlante. C'était la vie.

– À ce soir ! cria Anne en agitant la main une dernière fois.

– À ce soir ! répondirent en chœur les trois enfants avant de disparaître au tournant de la route.

Anne resta sur le seuil, l'oreille tendue. Elle entendit la voix aiguë de Fanch, assourdie par le souffle du vent et le crépitement de la pluie. Elle frissonna dans le matin, resserra autour d'elle la veste enfilée à la hâte sur son pyjama, huma l'air chargé de sel et d'eau. Elle imagina les trois silhouettes encapuchonnées et bossues sous les sacs d'école, plantées au débouché de la route pour attendre le car de ramassage. Ils étaient sept enfants du village à partir, chaque matin, pour Le Palais, à revenir après la journée au collège ou à l'école primaire. Elle poussa un profond soupir ; la maison, vidée d'Yves et des enfants, lui semblait toujours un peu triste. Il y avait pourtant tellement à faire… Et, d'abord, ce peignoir pour Fanch ; elle voulait absolument le lui offrir à Noël et il était loin d'être terminé.

Anne s'installa avec détermination devant sa machine à coudre, allongea le bras vers la radio.

– Selon les scientifiques du CEDRE[1] de Brest, qui ont mis en place des plans d'évolution de la situation en liaison avec Météo-France, le risque de pollution côtière est faible dans l'immédiat, affirmait le journaliste.

Anne releva un visage soucieux. Cette histoire de pétrolier ne lui disait rien qui vaille. Elle se promit d'aller, dans la matinée, acheter les journaux. Tous les journaux qu'elle trouverait.

Ils étaient une dizaine autour d'un exemplaire de *Ouest-France* quand Yves Le Gall pénétra dans la salle des professeurs, après avoir déposé son VTT au gymnase et accroché au vestiaire son pantalon et son blouson imperméables.

– Prends donc la voiture, suggérait Anne certains matins. Tu sais bien que je n'en aurai pas besoin.

1. Centre de Documentation, de Recherche et d'Expérimentation sur les pollutions accidentelles des eaux.

Mais Yves se contentait de sourire et de s'équiper avant de décrocher sa machine et de disparaître sur un invariable « Bonne journée ! Je t'aime ».

– Question de principe, expliquait-il. Si un prof de sport n'est même pas fichu de faire à vélo cinq malheureux kilomètres pour se rendre au collège, y a plus qu'à tirer l'échelle ! D'ailleurs, le jour où je ne serai plus qu'un cul-de-jatte derrière un volant, eh bien je changerai de métier !

– Pour faire quoi ? demandait Anne.

Mais Yves se contentait d'un geste fataliste qui signifiait clairement qu'on verrait bien. En attendant, il pédalait matin et soir sur la départementale et n'oubliait jamais d'adresser aux passagers et au chauffeur du car de ramassage qui le doublait un grand signe du bras.

– Alors, quoi de neuf ? demanda-t-il en approchant de la table autour de laquelle s'agglutinaient ses collègues.

– Je présume que tu es au courant, dit Rémi, le prof de techno, avec un geste en direction du quotidien sur lequel on voyait, pleine page, le bulbe du pétrolier en train de disparaître.

– Comme tout le monde... J'ai entendu les infos.

– Ils n'étaient pas très bavards. Au JT, ils

ont surtout montré le sauvetage des marins, avec gros plans sur les hélicos et les pauvres gars pendus au bout du câble.

– Moi, j'ai entendu une interview du préfet maritime. Il prétendait que le pétrolier n'était absolument pas un bateau-poubelle alors que tout le monde sait qu'il avait plus de vingt-cinq ans, pas de double coque et qu'il naviguait sous pavillon de complaisance. Ils nous prennent vraiment pour des imbéciles !

Tous approuvèrent bruyamment.

– Et qu'est-ce qu'ils disent à propos de la cargaison ? demanda Yves.

– Pas grand-chose... Heu... Ah, voilà ! « La nature du fioul lourd ne permet pas son traitement par les dispersants. Les barrages anti-pollution, pas plus que le pompage, n'ont pu être mis en œuvre en raison des conditions météorologiques. »

– Moi, j'ai entendu parler de déchets d'hydrocarbures...

– Une saloperie, quoi !

– Évidemment... Une cargaison pourrie sur un rafiot pourri !

– On avait pourtant juré, après l'*Amoco*, que ça ne se produirait plus jamais.

– Tu parles ! Tu oublies que, deux ans après le naufrage de l'*Amoco*, le *Tanio* s'est cassé en deux.

– C'est vrai, il y a eu le *Tanio*...

– Question pollution, rien à voir avec l'*Amoco Cadiz* qui contenait 240 000 tonnes de pétrole brut...

– Je m'en souviens comme si c'était hier, soupira Yves. Pendant des mois, on a démazouté...

– C'est après cela que le rail d'Ouessant[1] a été créé.

– Pour ce qu'il est utile !

– Ne dis pas ça ! Pense au nombre de catastrophes qui ont été évitées !

– Ce qu'il faut, c'est les éviter TOUTES !

D'autres enseignants arrivèrent. Le brouhaha s'amplifia. La sonnerie de début des cours mit fin au tumulte. Chacun empoigna son sac, son cartable ou son attaché-case et se dirigea vers le préau où les élèves attendaient, plus ou moins rangés, plus ou moins bruyants. Yves conduisit sa classe de cinquième au gymnase. Les questions fusèrent :

– M'sieu, vous avez vu ?

– Vous avez regardé la télé ?

– Vous avez vu l'*Erika*, m'sieu ?

– Coupé en deux !

– Vous croyez, vous, qu'on va avoir la marée noire ?

1. Mesure mise en place après le drame de l'*Amoco Cadiz* en mars 1978. Il s'agit d'une réglementation du trafic maritime dans la Manche, au large de l'île d'Ouessant.

– Je ne sais pas, dit Yves, je ne sais pas du tout.

Quelque chose qui ressemblait à de l'angoisse lui était, d'un coup, tombé sur les épaules.

Cinq jours avaient passé et la pluie, enfin, avait cessé. Changeant, tournant, le vent soufflait toujours, tantôt du nord, tantôt de l'ouest. Il soulevait la mer et les vagues roulaient, retombaient sur elles-mêmes, sans fin recommençaient.

Les oiseaux marins volaient en groupes compacts quand de longues nappes chocolat, plus lisses que la surface moutonnée de l'océan, apparurent. Elles dérivaient à petite vitesse, se défaisaient, se reformaient au gré du vent, des courants et des vagues. Elles avaient, sous le soleil, des chatoiements d'un rose nacré.

Carrr... Carrr... cria un pingouin torda. Il rasa l'eau d'un vol rapide, suivi par une vingtaine d'autres. Ils se posèrent sur la nappe à l'immobilité tentatrice qui se referma sur leur ventre, sur leurs pattes repliées.

L'odeur du pétrole les enveloppa, suffocante. Ils se soulevèrent, cou tendu, afin d'échapper à la masse caoutchouteuse qui les retenait prisonniers. Quelques-uns battirent des ailes, une fois, deux fois, dix fois. De plus en plus lentement. De plus en plus difficilement. Leurs ailes engluées devenaient lourdes. Ils essayèrent d'ôter le magma qui collait à leurs plumes, de les lisser du bec.

Mais l'odeur pestilentielle était là, violentant les fosses nasales, et le bec, à son tour, était englué par la substance visqueuse.

L'effroi agrandissait l'œil, faisait bondir plus fort le cœur dans la cage thoracique.

Comment échapper au piège ?

Ils étaient maintenant une quarantaine d'oiseaux prisonniers de la nappe. Ils battaient des ailes pour prendre leur essor et retombaient, à bout de forces, ventre souillé, rémiges endeuillées, tête couverte d'une carapace brunâtre.

Alors ils tentèrent de nager. Mais leurs pattes alourdies ne leur étaient que d'un faible secours. Des heures durant ils s'acharnèrent contre la matière qui les enlisait et les empêchait de se nourrir. Le froid peu à peu les pénétrait. La faim diminuait leurs forces. Pourtant, ils continuaient à lutter, ne pouvant plus voler, ne pouvant plus crier, essayant seulement de gagner les rochers salvateurs.

Dans le ciel, leurs compagnons les regardaient. Ils ne savaient pas qu'ils étaient en train de mourir.

– Cet aprèm, j'ai entraînement, déclara Yann. Tu peux m'accompagner, maman, ou j'y vais en vélo ?

– Je t'accompagnerai à ton club et j'irai te chercher, dit Anne, je ne veux pas que tu reviennes à vélo en pleine nuit.

– Et tu me déposeras chez Lucie en passant à Mérezel, conclut Soizic.

– Ah non ! cria Fanch. Yann va au foot, Soizic chez Lucie, et qu'est-ce que je vais faire, moi ?

– Si tu faisais du foot plutôt que du judo, déclara Yann, tu aurais des entraînements pendant les vacances, comme moi.

– Je n'ai pas envie, parce que je n'aime pas le foot. Et je vais au judo parce que j'aime le judo.

– Alors ne te plains pas…

– Mais qu'est-ce que je vais faire, moi, aujourd'hui ? s'obstina Fanch.

– Tu iras jouer avec Loïc et Simon, proposa Anne.

– Ils sont partis chez leurs cousins, soupira Fanch. C'est toujours pareil : tout le monde s'en va et moi je reste seul...

Il ajouta :

– Je pourrais aller avec Soizic chez Lucie. Moi aussi, j'aime bien Lucie.

– Ah non, s'insurgea Soizic, tu ne vas pas me coller aux baskets ! Trouve-toi des copains !

– Mais y en a pas, ici !

La porte vitrée s'ouvrit sur Yves Le Gall qui demanda :

– Qu'est-ce qu'il n'y a pas ici ?

– Des copains pour s'amuser. Cet après-midi, Yann va au foot, Soizic chez Lucie, et moi, je vais m'ennuyer, dit Fanch.

Il ajouta d'un ton dramatique :

– Comme d'habitude.

La phrase souleva un éclat de rire général et les yeux de Fanch, sous l'effet de la colère, virèrent au noir. Il allait prononcer des paroles désagréables quand son père déclara :

– En ce qui concerne cet après-midi, j'ai une proposition à te faire.

– Et c'est quoi ?

– Bottes, bonnet, anorak, sac à dos. Départ à quatorze heures. On descend à

Pouldon et on longe la côte par le sentier jusqu'à Port Kerel. On remonte sur Bangor et on s'offre un chocolat chaud *Chez Frédérique* en attendant que maman nous récupère en revenant de Palais.

– Ça fait combien de kilomètres ? demanda Fanch tandis que Soizic déclarait :

– Lucie et moi, on vient aussi.

– Ah non ! cria Fanch.

– Et pourquoi pas ?

– Parce que c'est à moi que papa l'a proposé. Moi, je n'avais pas le droit de t'accompagner chez Lucie, eh bien toi, tu n'as pas le droit de venir avec nous !

– Lucie est MON amie, mais ton père est aussi le mien, figure-toi... Tu marcheras avec papa et moi avec Lucie. Il y a longtemps qu'on ne s'est pas baladées sur le sentier côtier et j'ai très envie d'y aller. Et Lucie aussi.

– Qu'est-ce que tu en sais ? questionna Fanch tandis que sa sœur, sans prendre la peine de répondre, saisissait le téléphone et composait le numéro de son amie.

– Attention, dit Yves en quittant la cuisine, j'ai bien précisé « Rendez-vous à quatorze heures ». Que tout le monde soit prêt !

Ils avançaient en file indienne sur le sentier côtier ; Fanch allait en tête, les mains dans les poches de son jogging, sa casquette enfoncée jusqu'aux oreilles. Il se retournait fréquemment afin de vérifier, d'un coup d'œil jeté par-dessus l'épaule, si ses troupes suivaient. Yves alors lui souriait, montrait une toile d'araignée tendue au milieu des ajoncs, un crave à bec rouge traversant le ciel, une arche de roche dominant la mer. Derrière venaient les deux filles qui bavardaient à perdre haleine et s'obstinaient à marcher de front malgré l'étroitesse du chemin. Elles portaient des bonnets rayés bleu et blanc et des vestes épaisses en toile enduite qui les faisaient jumelles.

Le sentier passait au milieu des herbes courtes que le vent pliait, des fougères rousses et haillonneuses, des ronces griffues qui accrochaient les bas de pantalons. Par endroits, il était gras et glissant et rejoignait des plages minuscules enchâssées dans des écrins de rochers ; ailleurs il escaladait des blocs, traçait sa route au milieu des schistes couleur d'ardoise, dégringolait dans les éboulis.

– Ça va ? demandait Yves de loin en loin aux deux bavardes.

Elles opinaient de la tête, poursuivaient leur conversation entrecoupée d'éclats de rire que le vent leur volait. Un vent puissant qui venait du large, plaquait les vêtements sur le corps et obligeait les quatre randonneurs à marcher en biais pour s'opposer à sa force brute. Un vent dont semblaient se jouer les goélands argentés qui décrivaient des orbes au-dessus de leurs têtes.

– J'ai soif, cria Soizic, on s'arrête ?

Ils arrivaient sur la corniche au-dessus de Baluden. Ils firent halte. Yves sortit de son sac la gourde de peau qui ne le quittait jamais, la tendit à sa fille. Mais elle avait déjà pêché au fond de son sac à dos une boîte de Coca. Elle proposa :

– On la partage ?

– Vous ne pouvez pas boire autre chose que cette saleté ? grogna Yves.

Trois rires moqueurs lui répondirent.

Lucie fit circuler un paquet de petits gâteaux.

– Vous avez déjà faim ? s'étonna Yves. Vous sortez de table !

– C'est le grand air, ça creuse... déclara Fanch sérieusement.

Ils se remirent en marche ; ils dominaient à présent la profonde plage d'Herlin, laissée à nu par la mer qui s'était retirée. Ils descendirent dans le vallon bordé de dunes, traversèrent la rivière qui coulait au milieu des ajoncs et des roseaux. Des graminées échevelées leur fouettaient les jambes. Le vent soulevait des tourbillons de sable ; il emporta la casquette de Fanch qui lui courut après. Les filles suivirent, bras étendus comme les ailes des goélands et les imitèrent, poussant des cris.

Yves traversa tranquillement la plage en demi-cercle où la marée avait déposé sa moisson habituelle de bois flottés, d'algues gluantes et mordorées, de plumes d'oiseaux, de coquilles de peignes et de moules. Il se baissa, ramassa un chapeau de patelle d'un joli gris rose, souffla dessus pour en ôter le sable. Il se demanda si ce site, aussi beau qu'aux premiers jours du monde, serait épargné par la marée noire. Les ministres s'accordaient à dire qu'aucune menace sérieuse ne pesait sur les côtes bretonnes.

La pollution était pour la Vendée. Yves s'en voulut de se réjouir égoïstement.

Comme en écho à ses propres préoccupations, Soizic cria :

– Tu crois que la marée noire peut venir ici, papa ?

– J'espère bien que non !

– De toute façon, ils vont pomper ! claironna Fanch.

Pomper... Oui, sûrement, mais quand ? Toutes les tentatives avaient échoué jusqu'à présent. Mauvaises conditions météo... Pompes mal adaptées... Produit trop épais... Il faudrait bien, pourtant, vider les soutes de l'épave...

– Papa ! Papa ! Viens vite !

Arraché à ses pensées par le hurlement de Fanch, Yves courut vers le groupe accroupi sur le sable. Que s'était-il passé ? Qui s'était fait mal ?

Il n'eut pas le temps de poser la question. Les enfants lui montraient du doigt un tas noirâtre sur lequel, par endroits, le sable s'était collé. Un tas visqueux qui ressemblait à une éponge que l'on aurait imbibée de mazout, mais où l'on distinguait encore les ailes, le cou, le bec. Une éponge aux yeux clos.

Yves serra contre lui Fanch qui bredouillait à travers ses larmes :

– Tu… Tu as vu comment il est, papa ? Tout… tout noir… Tout collé… Il était vivant… Il… Il volait dans le ciel et… et maintenant… il est mort, papa !

– Je sais, Fanch, je sais.

– Qu'est-ce que c'est comme oiseau ? demanda Lucie.

– Un guillemot. Un guillemot de Troïl.

– Tu crois qu'on va en trouver d'autres ? reprit Fanch. Tu crois… tu crois que la marée noire en a tué beaucoup ?

Yves Le Gall eut un geste vague. Il espéra que son fils se contenterait de cette réponse qui n'en était pas une. Mais pouvait-il lui dire sa certitude que, dans les jours à venir, des centaines d'autres cadavres seraient ramenées sur les plages ? D'autres cadavres, et des oiseaux encore vivants aussi. Comme en 1978, quand l'*Amoco Cadiz* s'était éventré sur les rochers de Portsall. Des oiseaux vivants qu'on essaierait de sauver… Ou qu'on achèverait sur place… Parce qu'il n'y aurait pas d'autre solution.

Yves Le Gall avait enfermé dans un sac plastique la macabre trouvaille des enfants et glissé le tout dans son sac à dos.

– On l'enterrera dans le jardin, avait déclaré Fanch. Avec la chatte Prune et les deux hamsters.

Yves n'avait rien répondu. Il était hors de question d'ensevelir dans le jardin une dépouille aussi polluante. Et il tenait à la montrer dans les plus brefs délais au conseil municipal et à ses amis de la Maison de la nature. Il se rendit le soir rue des Remparts, où se tenait la permanence. La responsable, Évelyne, leva les bras au ciel :

– Mon pauvre Yves, ce n'est pas le premier ! Depuis trois jours, ça n'arrête pas. On commence à être débordés ! Et on nous amène aussi des oiseaux vivants.

– Et qu'est-ce que vous en faites ?

– On pare au plus pressé : piqûres pour lutter contre les effets nocifs du pétrole, réhydratation, gavage. On les garde au chaud dans des cartons avant de les expédier à la clinique des oiseaux de l'Île Grande. Là-bas, ils les nettoient. Ce matin, on avait vingt-sept pensionnaires.

– Et ce soir ?

– Ce soir, il en reste peut-être une quinzaine... On nous les apporte dans un tel état.

– Qu'est-ce qu'ils racontent à la mairie ?

– Que veux-tu qu'ils disent ? C'est inquiétant, bien sûr, mais ce n'est pas parce que des oiseaux mazoutés arrivent à Belle-Île que les nappes vont suivre le même chemin. Non, le malheur, vois-tu, c'est que l'*Erika* a sombré dans une zone très poissonneuse en hiver. Des milliers de guillemots, de fous, de pingouins de toute l'Europe du Nord viennent se nourrir là. À la LPO[1], on craint un véritable désastre... Parce que pour un oiseau qui échoue sur la côte, il y en a dix qui meurent en mer.

– Et on ne peut rien tenter ? se révolta Yves.

– Que veux-tu faire ? On ne peut pas pomper les nappes de fioul, elles se fragmentent... En Vendée, ils ont installé des

1. LPO : Ligue pour la Protection des Oiseaux.

kilomètres de barrages anti-pollution ; il n'y a plus qu'à espérer une meilleure météo.

– Et qu'est-ce qu'on peut faire pour vous aider ?

– Pas grand-chose. Tu as vu, nous parons au plus pressé. C'est à l'Île Grande qu'ils sont débordés. La clinique n'est pas équipée pour accueillir autant de pensionnaires. D'habitude, ils soignent les oiseaux mazoutés à cause des pétroliers qui dégazent au large. Ça fait deux cent cinquante, trois cents oiseaux dans l'année. Mais là, c'est autre chose ! On a parlé de plusieurs centaines, voire d'un millier d'oiseaux. On envisage d'ouvrir une clinique provisoire à La Rochelle et l'école vétérinaire de Nantes s'est mobilisée.

Évelyne se tut un instant avant d'ajouter :

– Hier, à la séance du conseil municipal, l'éventualité d'une arrivée massive d'oiseaux mazoutés a été évoquée. Dans ce cas, on ne pourrait pas continuer à les soigner ici, c'est bien trop petit. On s'installerait à Haute-Boulogne, dans l'ancien bagne pour enfants.

– Mais il n'y a rien là-haut ! Les bâtiments sont délabrés...

– Il y a de la place, ce qui est primordial si nous sommes amenés à garder les oiseaux pour les démazouter au lieu de continuer à les envoyer à l'Île Grande.

– Vous craignez donc le pire ?

– Qu'est-ce que c'est, le pire ? Tu peux le dire, toi ?

Yves baissa la tête. Il se sentait impuissant et coupable. Coupable d'appartenir à la race des hommes qui tuaient les oiseaux.

C'était le 25 décembre. La vaisselle et les reliefs du réveillon encombraient encore les tables tendues de nappes de fête. Les jouets gisaient au pied des sapins, au milieu des papiers froissés et des serpentins de bolduc. Les bougies qui éclairaient les crèches s'étaient consumées et des coulures de cire débordaient des chandeliers. On s'attardait au lit. Rien ne pressait, c'était Noël.

Qui descendit ce matin-là sur la plage de Donnant ? Quel enfant désireux d'étrenner un VTT neuf ? Quel promeneur solitaire venu respirer l'air du large ? Qui donna l'alerte ?

La belle plage était souillée de galettes brunes. Gélatineuses. Nauséabondes. Innombrables. On en trouvait partout, jusqu'au fond du vallon, jusqu'au pied des grandes dunes.

La nouvelle arriva au Grand Cosquet en milieu de matinée, apportée chez les Le Gall par Loïc qui tambourinait frénétiquement à la porte de la cuisine en hurlant :

– Monsieur Le Gall ! Monsieur Le Gall !

– Eh bien ? Qu'est-ce qui t'arrive ? demanda Yves en ouvrant les volets de bois.

Il ajouta :

– Joyeux Noël quand même !

– Vous parlez d'un joyeux Noël, répondit le garçon, on a reçu un drôle de cadeau !

– Que se passe-t-il ? interrogea Anne.

– Y a la marée noire, elle est arrivée cette nuit.

– Nom de Dieu ! gronda Yves.

– Mon père a dit comme vous. Il a ajouté que le bon Dieu aurait pu nous épargner ça un jour de Noël.

– Il a bon dos, le bon Dieu. Ce n'est pas lui qui fait naviguer des pétroliers pourris sous pavillon de complaisance ! La marée noire, elle est dans quel coin ?

– À Donnant, mais sûrement aussi dans les rochers, à l'Apothicairerie, sur toute la Côte Sauvage. C'est mon oncle qui a téléphoné pour nous prévenir. Mon père prépare du matériel pour nettoyer et on y va…

– Nous aussi, on y va, dit Yves Le Gall.

– Où est-ce qu'on va ? demanda Fanch en passant une tête curieuse dans les escaliers.

– À Donnant, répondit Loïc, y a la marée noire.

– C'est vrai, papa ?

– Je ne pense pas que Loïc aurait envie de plaisanter sur ce sujet. Merci de nous avoir prévenus. Dis à ton père que j'arrive… Et vous, là-haut, si vous voulez venir, départ d'ici cinq minutes !

Yves se dirigea vers la remise à outils. Anne rassembla des paires de bottes, des cirés, des bonnets, tandis que l'on entendait, à l'étage, la cavalcade des enfants en train de se préparer. Soizic arriva la première, courut vers le téléphone, annonça :

– Je préviens Lucie qu'on passera la chercher.

– Mais c'est Noël, Lucie est sûrement en famille…

– Et alors ? Nous aussi, nous sommes en famille ! Tout le monde, à Belle-Île, est en famille ! Ce n'est pas une raison, il faut nettoyer.

– Mais Lucie et ses parents ne sont là que depuis quelques mois, objecta Anne. Peut-être ne se sentent-ils pas concernés par la marée noire autant que nous, qui sommes bretons.

Soizic hésita un instant, puis composa le numéro de son amie. Quand elle eut raccroché, elle murmura :

– Tu avais raison, Lucie veut bien nettoyer, mais ses parents ne sont pas d'accord. Ils disent que ce n'est pas à nous de faire ça et que les ministres n'avaient qu'à prendre des décisions en temps utile.

– Ce n'est pas grave, on se passera d'eux, coupa Anne en fourrant dans deux gros sacs l'équipement qu'elle avait rassemblé.

Dehors, Yves s'impatientait au volant du 4 x 4. Des portières claquaient, des moteurs tournaient. Une caravane de cinq véhicules se mit en route, les habitants du Grand Cosquet partaient à Donnant.

Quand ils arrivèrent, le nettoyage s'organisait. Les gens avaient apporté des seaux, des pelles, des râteaux et les pompiers formaient des équipes, donnaient des consignes. On avait amené des tracteurs pour transporter les centaines de sacs-poubelles remplis de déchets que l'on entasserait avant de les évacuer sur le continent. On travailla tout le jour sans relâche. Travail de fourmis laborieuses, accroupies sur la plage, courbées sous le poids des sacs, et qui grattaient mètre à mètre le sable sans cesse sali, car la mer charriait du pétrole au lieu d'eau salée.

– C'est bon, garçon, c'est bon ! Va donc respirer un peu sur le pont. Voilà des heures que tu as le nez dans ce moteur...

– Merci, chef !

Rajiv se redressa, le dos parcouru d'un douloureux élancement. Des étoiles dansèrent un instant devant ses yeux. Il s'appuya aux tôles chaudes, ferma les paupières ; son visage était blême sous les traînées de graisse qui le maculaient. Le chef mécanicien lui jeta un coup d'œil, demanda :

– Ça va ? Ça ne tourne pas trop ?

Rajiv rouvrit les yeux, s'efforça de sourire :

– Ça va, chef.

– Allez, file... File prendre l'air !

Mani regarda s'éloigner le jeune homme. Il s'était pris d'amitié pour lui, une amitié protectrice et efficace. Des garçons engagés comme aides-mécaniciens sur des pétroliers, il en avait vu défiler des dizaines depuis le temps qu'il sillonnait les océans aux côtés du commandant Mathur. Certains tenaient le coup, suivaient leur petit bonhomme de chemin, d'une embauche à l'autre. Mais la plupart, découragés par le sale boulot, épuisés par les conditions de travail souvent inhumaines, déçus par le salaire versé à retardement et correspondant rarement au contrat, disparaissaient après deux ou trois voyages.

Rajiv était différent. Avide d'apprendre. Passionné par ce qu'il faisait. Jamais rebuté par la crasse, la puanteur, les longues heures passées dans les entrailles du bâtiment. Dormant dans les soutes si nécessaire. Et charriant dans ses yeux noirs des rêves d'océans infinis à parcourir...

Rajiv, surtout, avait vécu près de Mani le naufrage de l'*Erika*. C'était cela qui les avait rapprochés.

Après le désastre, tandis qu'on plaçait le commandant Mathur en garde à vue et que son portrait faisait la une des journaux, les membres de l'équipage avaient été rapatriés en Inde. Puis ils s'étaient dispersés, chacun s'efforçant de trouver un nouveau pétrolier sur lequel embarquer. Mani connaissait beaucoup de monde, il savait à qui proposer ses services. Il avait rapidement décroché une embauche sur le *Texan*, un tanker en quête de main-d'œuvre. Les deux cousins l'avaient suivi.

Sur le pont luisant, Rajiv se laissait aller, hébété de fatigue. Il se sentait mou comme un pantin de chiffon et le manque de sommeil irritait ses yeux fibrillés de rouge qu'il peinait à garder ouverts.

Il poussa un grand soupir de bonheur. Après tant d'heures passées au ventre du pétrolier – dix ? douze ? il ne savait plus...– le soleil sur son visage était comme une caresse. Le soleil... En fusion au-dessus de la mer d'Oman.

Il rêvait tellement de soleil lorsqu'il était sur l'*Erika*, au large des côtes de France. Quand la mer déchaînée abattait sur le pont des murailles d'eau. Quand le ciel et les vagues étaient faits d'une même matière grise. Quand le bâtiment en perdition s'était vu refuser l'entrée dans le port de...

Rajiv cherchait son nom. Un nom de froid et de nuit. Un nom de malheur.

Saint... Saint quelque chose...

« Je demanderai à Jernat », pensa-t-il, déjà à moitié emporté par le sommeil.

Alors l'*Erika* avait traversé la nuit et, au matin, s'était brisé en deux morceaux.

Rajiv se revit, dans le canot de sauvetage, tremblant et claquant des dents, attendant d'être hélitreuillé. Le souvenir de sa peur le submergea. Malgré la brûlure du soleil, il frissonna. Puis ses muscles se détendirent. Tête inclinée sur la poitrine, il dormait.

LA VIE CONTINUE…

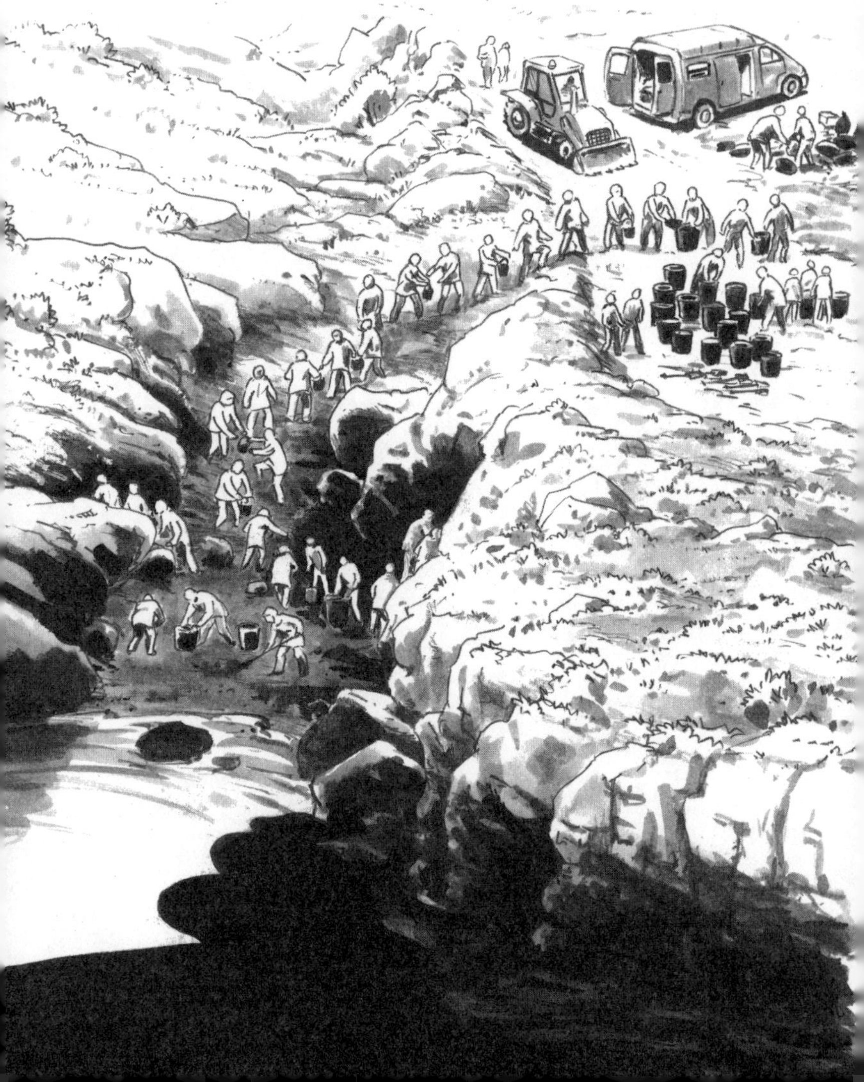

– Maman ! Maman !

L'appel de Fanch débusqua Anne dans la buanderie où elle étendait le linge. Derrière la vitre couverte de buée, le jardin apparaissait, noyé de brume. Anne regarda sa montre. Bientôt cinq heures, elle n'avait pas vu le temps passer.

– Oh oh ! Je suis là ! cria-t-elle.

Fanch dégringola bruyamment les trois marches qui menaient à la petite pièce. Ses cheveux étaient luisants de pluie et des gouttes emperlaient ses longs cils.

– Tu ne pourrais pas mettre ton capuchon ? bougonna Anne.

– Non, parce que j'aime l'eau sur le visage. Maman, écoute-moi, j'ai quelque chose de génial à te proposer. Le maître a dit qu'on avait besoin de gens pour travailler à la clinique des oiseaux qu'on est en train d'installer à Haute-Boulogne. Tu pourrais y aller…

– Mais je ne m'y connais absolument pas en soins à donner aux oiseaux !

– Ce n'est pas grave. Le maître a dit que l'on a surtout besoin de gens de bonne volonté. Le vétérinaire leur explique ce qu'il y a à faire. J'ai trouvé que c'était une idée géniale et j'ai pensé que tu aurais envie d'aider, toi aussi, puisque tu as du temps libre...

– J'ai peur de ne pas être à la hauteur des tâches qui me seront demandées. Je ne suis pas ornithologue...

– Allez, maman, vas-y ! Rappelle-toi l'oiseau qu'on a trouvé sur la plage, c'était tellement affreux ! Ceux qui sont vivants, il faut les soigner !

– Il faut voir...

– Tu veux que je téléphone au maître et que je lui dise de t'expliquer ?

L'instituteur confirma. Une clinique destinée à soigner les oiseaux mazoutés avait été créée dans l'ancien bagne pour enfants. Une équipe de volontaires avait aménagé les anciennes cellules de détenus. Le travail avait commencé avec une dizaine de bénévoles mais, compte tenu du très grand nombre d'oiseaux qui arrivaient chaque jour, c'était loin d'être suffisant. Si Anne Le Gall était libre, elle serait la bienvenue...

– Oui, dit Anne, oui, c'est entendu, mais

il faut que je vous fasse un aveu... Comment vous dire ? Cela m'effraie un peu. Je ne me suis jamais occupée d'oiseaux, ni d'animaux d'aucune sorte d'ailleurs. Et puis, ces pauvres bêtes, il va falloir les toucher, les prendre dans mes mains, je ne sais pas si j'oserai. Mes réticences doivent vous paraître ridicules...

– Non, pas du tout. Vos craintes sont bien compréhensibles et je vous assure que la plupart des bénévoles réagissent comme vous dans un premier temps. Mais vous verrez, on s'habitue vite. D'autant plus que ces oiseaux de mer, qui n'ont jamais eu affaire aux hommes, n'ont pas peur de nous. Ils sont stressés par ce qu'ils ont subi, par les soins, les lavages, mais pas par notre présence. Au contraire, ils viennent vers nous quand nous nous approchons. Je ne m'attendais pas à une telle confiance... Vous verrez, c'est bouleversant.

– Mais il y en a beaucoup qui meurent. Comment peut-on le supporter ?

Il y eut un silence à l'autre bout du fil. Enfin, la voix de l'instituteur reprit, plus basse, un peu lasse :

– Ça, c'est difficile. On est prêt à tout accepter : le travail accroupi dans la fiente, les heures et les heures de nourrissage et de soins, l'odeur écœurante, le mal au dos à la fin de la journée. Tout. Mais pas la mort. On est parfois submergé de désespoir devant les cadavres roulés dans du journal que l'on compte chaque soir. Oui, c'est difficile. La mort, on ne l'accepte pas. Et l'on ne peut pas dire que l'on s'habitue. C'est faux, on ne s'habitue pas.

Anne prit une profonde inspiration avant de déclarer d'une voix décidée :

– C'est entendu, je viendrai aider à la clinique.

– Eh bien, à demain.

Anne regardait d'un air pensif le combiné à présent silencieux. Fanch s'approcha de sa mère et se blottit contre elle.

– Je suis drôlement fier de toi, maman, dit-il.

Belle-Île faisait le gros dos dans le mauvais temps. Janvier, impitoyable, apportait quotidiennement sa ration de vent et de pluie. Et ce mauvais temps qui, tous les ans, était monnaie courante, vint peser plus lourd sur la catastrophe. La tempête, jour après jour, poussait une mélasse noirâtre et puante qui engluait les rochers à Kerlédan, à Port Skeul, à Port Coton, dans toutes les anses de la Côte Sauvage.

À Borderun, plus qu'ailleurs, surgit un paysage de désolation. Au bout de la route empierrée, au-delà de la poignée de maisons qui, fesse à fesse, regardent l'océan, s'ouvre une longue saignée creusée par l'érosion dans le plateau schisteux. Le vallon se prolonge au milieu des bruyères et des ajoncs et s'enfonce doucement dans les terres au gré d'un sentier...

D'un seul coup, il n'y eut plus ni anse, ni vallon, ni sentier, mais un magma collant. La tempête avait projeté du fioul jusqu'à dix mètres au-dessus du niveau de la mer. Un magma que les volontaires coupaient à coups de pelle ; si épais qu'elle restait parfois engluée dans la nappe et qu'il fallait batailler ferme pour la retirer. Les portions ainsi découpées étaient empoignées à pleins bras, arrachées et jetées dans les seaux garnis de sacs-poubelles. Les seaux passaient de main en main, pesants, puants, le long du cordon fraternel d'inconnus en ciré jaune ou vert, en ciré maculé. La chaîne humaine les convoyait ainsi depuis le bord de l'eau jusqu'à la benne installée au fond du vallon.

Le soir, les tracteurs venaient chercher les déchets et les transportaient sur le lieu de stockage où ils s'amoncelaient. Des bateaux faisaient des rotations jusqu'au continent. On parlait de les retraiter... Les roues avaient en quelques jours creusé des ornières profondes, dans lesquelles les volontaires titubaient lorsqu'ils regagnaient la route, en fin de journée, les bottes lourdes, la démarche hésitante.

Il en était plus ou moins ainsi dans chaque crique où sans relâche, marée après marée, la mer déposait sa provende de mazout. Et, sans relâche, gens de l'île ou du continent, propriétaires d'une résidence secondaire ou chômeurs n'ayant jamais mis les pieds à Belle-Île auparavant, étudiants ou retraités, venus seuls ou en groupe, les volontaires raclaient, grattaient, extirpaient ce même mazout.

Le soir, on rencontrait en ville des jeunes venus des quatre coins de France, parfois même de pays étrangers. Tout ce monde logeait à l'auberge de jeunesse, dans les gîtes et autres centres d'accueil, à Palais, Sauzon, Bangor et Locmaria.

Yves Le Gall descendait presque chaque jour à Pouldon tandis que, de son côté, Anne travaillait à la clinique des oiseaux. L'anse profonde n'était qu'à un kilomètre du Grand Cosquet et il s'y rendait à pied, retrouvant sur place les équipes de nettoyage encadrées des responsables du Point Crise organisé par le district. Quant à Yann, Fanch, Soizic et Lucie, ils se joignaient à lui le mercredi et le dimanche. Sans rechigner, ils enfilaient pantalon et veste de ciré. Bottes. Gants. Sans oublier le ruban adhésif grande largeur que l'on enroule autour des chevilles – pour empêcher l'eau de mer de pénétrer dans les bottes – et des poignets, pour que le mazout ne salisse pas les manches du pull-over.

Empoigner un seau sur le dessus de la pile et le garnir d'un sac-poubelle. Prendre une pelle ou une truelle, un râteau ou un crochet, et descendre par le chemin chaotique et glissant pour rejoindre l'armée de fourmis qui s'activaient sur la plage.

La saleté était partout. Sur les rochers couverts d'une gangue brune que l'on grattait au crochet. Sur le sable, en bouses, en boules, en billes molles, bien visibles ou à demi enfouies, que les uns ramassaient à la pelle, les autres à la truelle, à genoux sur le sol. Dans les algues qu'il fallait fouiller à la main. Dans le lit de la rivière dont on nettoyait les galets un à un. C'était fastidieux. Interminable. Les déchets, au milieu des cailloux, avaient l'aspect, la couleur, la consistance de crottes de chien. L'odeur, quand le vent faiblissait, prenait à la gorge. Les gants, pourtant trempés dans un seau empli de gasoil au début du travail, s'engluaient peu à peu.

Les bénévoles progressaient à quatre pattes, traînant après eux leurs seaux alourdis. Au fil des heures, les gestes s'alentissaient tandis que le tas de sacs pleins de déchets augmentait de volume. À quatre ou cinq heures, selon la marée, le responsable arrêtait le travail. La chaîne s'organisait, un seau après l'autre. Puis on remontait le matériel. On ôtait les cirés souillés.

Enfin, les sandwichs et la soupe chaude circulaient. Les bavardages, les informations aussi. On faisait connaissance en se chauffant les mains autour des gobelets en plastique. Yves et les quatre enfants revenaient au Grand Cosquet tandis que la nuit se lançait à leurs trousses.

C'était un mercredi de bruine et de vent. Un mercredi comme les autres, sur la plage de Pouldon.

– J'en ai marre de gratter les cailloux ! grogna Fanch en se redressant. Je vais voir Yann.

– Où est-il ? demanda Soizic.

– Avec papa, tout au bout de la plage.

– S'ils travaillent à la pelle, tu ne pourras pas les aider. Tu es trop petit.

– N'importe quoi ! Je sais utiliser une pelle, qu'est-ce que tu crois ?

– Je pense que c'est une question de taille. Mais fais ce que tu veux, tu verras bien.

– Parfaitement. Allez, salut !

Fanch s'éloigna en direction des silhouettes minuscules qui, bien loin, à la limite des vagues, maniaient pelles et râteaux.

– Je donnerais n'importe quoi pour me gratter le bout du nez ! gémit Lucie.

– Tu veux que je te le frotte ? proposa Soizic.

– Tes gants sont aussi sales que les miens !

– Je peux essayer avec mon coude.

– Fais voir... Non, tes manches sont sales, je n'ai pas envie de me polluer la figure. Mais qu'est-ce que ça démange !

– J'ai une idée, je vais te gratter avec mon nez ! Relève-toi, on essaie.

– On se fera des bisous esquimaux !

Lucie vit le visage de Soizic s'approcher du sien, devenir énorme et flou. Elle fut prise d'un fou rire quand leurs nez entrèrent en contact.

– Ne ris pas, tu me fais bouger ! protesta Soizic.

– C'est plus fort que moi...

– Ça va mieux ?

– Non, mon nez me démange toujours autant.

– Moi, ce sont mes cheveux qui me gênent. Il y en a sans cesse quelques-uns qui s'échappent de mon bonnet et me chatouillent la joue.

– Et tu as remarqué, quand ça commence à démanger ou à chatouiller, c'est horrible, on n'arrive plus à penser à autre chose. Regarde ce galet, comme il est joli !

– Oui... C'était beau ici. J'y viens depuis

que je suis toute petite. Quand j'avais trois ou quatre ans, je ramassais les plus jolis galets et j'en faisais collection.

– Soizic ! Lucie ! Regardez ce qu'on a trouvé !

Les deux filles se redressèrent d'un même mouvement, mirent la main en visière au-dessus de leurs yeux. Fanch précédait Yann, Yves Le Gall et Wilfried, le responsable du groupe de nettoyage. Que tenaient-ils donc dans leurs bras ?

C'est en arrivant près d'eux qu'elles comprirent : ils portaient des guillemots, couverts de mazout. Des guillemots vivants.

Wilfried écarta les curieux et la petite troupe remonta vers le parking où était garée la fourgonnette du district. Elle contenait, outre les piles de cirés et de pantalons dans leurs pochettes, les paires de bottes et les montagnes de sacs-poubelles, de grands cartons entassés à plat et prêts à l'emploi. Wilfried déposa sur l'herbe du bas-côté le guillemot qu'il portait, formata rapidement trois cartons qu'il perça de trous à l'aide d'un couteau. Fanch, Soizic et Lucie le regardaient opérer. Il déposa les oiseaux dans les cartons qu'il referma.

– Mais ils vont mourir ! protesta Fanch.

– Bien sûr que non ! Wilfried a fait des

trous dans le carton pour qu'ils puissent respirer.

– Des trous minuscules…

– C'est suffisant.

– Tu crois ?

– Évidemment. Wilfried sait ce qu'il fait. Depuis le temps qu'il ramasse des oiseaux mazoutés, il a l'habitude.

– Comme tu dis, j'ai l'habitude, soupira Wilfried. Dis donc, Yves, tu pourrais emporter ces cartons à la clinique ? Je préfère redescendre sur la plage, je suis responsable du groupe. S'il se produisait quoi que ce soit en mon absence…

– Pas de problème. Je vais tout de suite chercher mon véhicule. C'est l'affaire de vingt minutes, pas plus.

– Mais pendant ce temps ils vont mourir ! cria Fanch.

Wilfried, qui s'éloignait, fit demi-tour, s'accroupit, prit le petit garçon par les épaules.

– Écoute, lui dit-il, ça fait des jours que ces guillemots se battent pour vivre, englués de mazout. On les a trouvés, on va les soigner. Une demi-heure de plus, ça n'a pas beaucoup d'importance. S'il est vraiment trop tard, ils mourront cette nuit, demain ou après-demain. Comme des quantités d'autres qui ont été amenés à la clinique, gavés et soignés. Si leur organisme n'a pas trop souffert, que leurs pattes n'ont pas été abîmées, ils s'en sortiront. Tu comprends ?

Fanch fit un signe d'assentiment. Comme Wilfried allait disparaître au tournant du chemin, Yann lui cria :

– On pourra entrer dans la clinique avec mon père ? C'est autorisé ?

– Bien sûr ! Autorisé et instructif, vous verrez !

– Allez, dit Yann aux trois autres enfants, il faut se déshabiller, dépêchez-vous.

Ils commencèrent à dérouler le scotch qui entourait leurs poignets, ôtèrent leurs gants, puis leurs vestes qu'ils retournèrent afin de ne pas salir leurs vêtements.

Dans les cartons, les guillemots ne donnaient pas le moindre signe de vie.

– Tu crois qu'on va les sauver ?

La voix de Fanch s'élevait, éraillée par l'angoisse. Yves soupira :

– Peut-être, Fanch, peut-être...

– Tu ne peux pas rouler plus vite ?

Yann, assis sur le siège avant, se tourna vers son frère :

– Tu es une vraie bourrique ! Wilfried t'a expliqué que l'on n'était pas à une demi-heure près !

– Mais on ne les entend pas bouger...

– C'est parce qu'ils sont fatigués, dit Soizic. Ils ont nagé pendant des jours et ils n'ont pas mangé.

– Je sais bien, mais...

– Mais quoi ? Tu es pénible à la fin !

Fanch poussa un gros soupir, puis lâcha comme à regret :

– Et s'ils étaient morts ? Vraiment morts ?

– Espèce d'idiot, cria Yann, pourquoi

veux-tu qu'ils meurent juste au moment où on les sauve ?

– Dis donc, gronda Yves, tu ne peux pas parler autrement à ton frère ?

Lucie passa un bras compatissant autour des épaules de l'enfant, se pencha vers lui pour murmurer :

– Ils ne sont pas morts, ils se reposent, voilà tout. Ils doivent être drôlement contents qu'on les ait sauvés. Tu imagines leur frousse ? La nappe de mazout partout autour d'eux... Les ailes collées... Les pattes qui ne peuvent plus bouger... Le bec plein de mazout... Pendant des heures et des heures... Et brusquement, une sorte de géant les arrache au piège et les met à l'abri. Quelle chance pour eux !

– Oui... Oui, bien sûr, dit Fanch, mais sa voix manquait de conviction.

Yves grimpait dans le quartier de Haute-Boulogne, négociant en douceur les virages afin de ne pas secouer les précieux cartons qu'il transportait. Au-delà de l'auberge de jeunesse, la route se hissait d'un coup de reins sur un terre-plein couvert de bâtiments longs et bas, tous semblables et délabrés : la clinique.

Elle était signalée par un panneau. Yves s'engagea dans la cour où l'herbe pelée frissonnait, s'arrêta devant l'entrée surmontée du classique écriteau « Hôpital Silence », dit brièvement :

– Restez là, je vais chercher quelqu'un.

Les quatre enfants descendirent du véhicule dont ils refermèrent précautionneusement les portières, regardèrent autour d'eux d'un air dubitatif.

– Ben dis donc, dit Soizic à mi-voix, ils l'ont mise dans un sale coin leur clinique !

– Ils ont dû l'installer ici parce que c'était gratuit, expliqua Yann sur le même ton.

– Pourquoi vous parlez bas ? demanda Fanch impressionné.

– Parce que c'est écrit « Silence ».

– Qu'est-ce que c'était ici ? Une usine ? questionna Lucie.

– Non, c'était une sorte de prison destinée aux enfants. Tu n'as jamais appris le poème de Jacques Prévert *Chasse à l'enfant* ?

– Non. J'ai appris *Le Cancre*, et puis... heu... *Pour faire le portrait d'un oiseau*...

– Moi aussi ! cria Fanch.

Trois « chut !!! » vigoureux lui firent rentrer la tête dans les épaules.

– Alors ? Ce poème ? insista Lucie.

– Il y a longtemps, en 1930 ou en 1940, je ne sais plus, des enfants se sont échappés et le directeur a promis une récompense à celui qui les retrouverait. Alors les gens de Belle-Île se sont mis à poursuivre les évadés pour toucher la rançon. Jacques Prévert a trouvé ça tellement dégueulasse qu'il a écrit *Chasse à l'enfant*.

– Et qu'est-ce qu'il raconte, son poème ?

Yann et Soizic se consultèrent du regard puis démarrèrent en chœur :

– « Bandit ! Voyou ! Voleur ! Chenapan !
C'est la meute des honnêtes gens
Qui fait la chasse à l'enfant… »

À ce moment-là, Yves reparut accompagné d'un infirmier bénévole. C'était un grand jeune homme dont la barbe et la chevelure brillaient du même roux. Il tendit aux enfants une main énorme en disant :

– Bonjour, je suis Grégoire.

Puis il s'empara d'un carton.

– On peut venir ? demanda Yann.

– Bien sûr, tiens, ouvre-moi donc la porte…

Yann tint la porte vitrée largement ouverte et la petite troupe s'engagea dans le bâtiment. Il sentait le désinfectant, la fiente d'oiseau, la fleur de moisissure née de l'humidité et autre chose encore. Une odeur indéfinissable. Celle de la peur des pensionnaires, celle de la sueur des soigneurs, celle de la mort qui se glissait dans les cellules et, jour après jour, profitait de l'épuisement des oiseaux mazoutés pour les emporter avec elle.

Des portes s'ouvraient de part et d'autre d'un long couloir. Elles étaient munies d'un minuscule guichet rectangulaire : celui-là même qui, lorsque la colonie pénitentiaire existait encore, permettait au gardien de service de surveiller les pensionnaires.

Les enfants se haussèrent sur la pointe des pieds et y collèrent leur nez. Des caillebotis avaient été installés dans les pièces nues, sur lesquels une vingtaine voire parfois une trentaine d'oiseaux étaient posés. Certains paraissaient dormir, d'autres s'agitaient, tentaient maladroitement d'ouvrir les ailes. Dans quelques cellules, les visiteurs surprenaient une silhouette agenouillée et à peine éclairée, à la nuit tôt venue, par une baladeuse de chantier. L'homme ou la femme, avec patience et délicatesse, nourrissait un guillemot ou faisait une piqûre de glucose à un pingouin torda. Immobile dans la lumière chiche, il semblait quelque étrange statue pétrie d'amour et de silence.

– Qu'est-ce qu'ils leur font ? chuchota Fanch.

– Tu vois bien qu'ils les soignent !

– Oui, mais qu'est-ce qu'ils leur font exactement ? Pourquoi ils ne lavent pas les oiseaux d'abord ? chuchota Fanch. Ils sont tout noirs...

Grégoire expliqua :

– Les oiseaux apportés à la clinique sont trop faibles pour supporter un démazoutage. C'est une longue épreuve, tu sais. Une heure de lavage plume par plume dans cinq ou six bains moussants, plus une demi-heure de rinçage, d'abord à la douchette puis dans des bains. Pour l'oiseau, c'est épuisant et très stressant, même si l'on prend toutes les précautions possibles pour procéder en douceur. Si l'on imposait ce traitement au rescapé qui vient d'arriver, il n'y survivrait pas. Alors on commence par lui redonner des forces pendant quelques jours et, quand il a repris du poids, on le lave. Tout à l'heure, je vous montrerai les salles de nettoyage...

Leur guide s'arrêta devant une cellule où les cartons furent ouverts et les guillemots de Troïl délicatement déposés sur les caillebotis. Trois paquets noirs, gluants, luisant vaguement à la lueur de l'ampoule nue, au milieu desquels seuls les yeux, remplis d'effroi, semblaient vivants. D'autres paquets noirs gisaient un peu partout et des bénévoles s'activaient autour d'un récipient empli de pâtée de poisson, maniaient des seringues reliées à de longs tuyaux, avec lesquelles ils nourrissaient les oiseaux.

– Nous sommes trop nombreux, déclara Grégoire, il vaut mieux sortir, je vais vous faire visiter le reste de la clinique.

Sur le seuil, Fanch s'arrêta :

– Ici, c'est la chambre combien ? demanda-t-il.

– C'est la neuf. Pourquoi ?

– Les trois guillemots qu'on a trouvés, ils vont rester là ? Personne ne les changera de place ?

– Personne. Tu pourras venir voir demain, après-demain, ce qu'ils sont devenus.

Fanch parut soulagé. Mais, au moment où la porte de la cellule neuf se refermait, un nouveau souci lui fit froncer les sourcils. Il se tourna vers leur guide :

– Mais ils se ressemblent tous... Comment je ferai pour reconnaître les miens ?

L'homme se gratta la tête, regarda Fanch qui attendait sa réponse en levant sur lui un regard confiant.

– Écoute... Tant qu'ils resteront en nourrissage, tes guillemots seront toujours déposés sur le même caillebotis, celui du fond. J'y veillerai, je te le promets. Tu as confiance ?

– D'acc, j'ai confiance... Et ensuite, lorsqu'on les lavera ?

– À ce moment-là ils seront bagués, donc identifiables.

Satisfait, Fanch rejoignit le groupe, découvrit la salle de bain, la pièce destinée aux soins intensifs, la cuisine où officiait Claudine, la « cuisinière des oiseaux ». En sortant, ils croisèrent Étienne, le vétérinaire qui, matin et soir, venait faire sa tournée. Il encourageait les bénévoles défaillants, donnait des conseils, apportait les médicaments collectés et regonflait le moral des troupes dans les coups durs. Désignant du pouce des tas de journaux dans la pénombre du couloir, il demanda :

– Combien ?

– Vingt-six, répondit leur guide.

Lucie et Soizic se consultèrent du regard, ralentirent le pas et, d'un même mouvement, se penchèrent vers l'un de ces amas de papier journal qui semblaient monter la garde devant chaque porte.

Grossièrement roulés dans le papier, il y avait des cadavres d'oiseaux marins.

Fanch s'impatientait :

– Qu'est-ce que vous faites ? Vous venez ?

Les deux filles se relevèrent, les yeux pleins de larmes.

– Ben quoi ? Qu'est-ce que vous avez ?

Comme il insistait, Yves Le Gall se retourna, regarda sa fille et Lucie qui marchaient tête basse, balaya d'un rapide coup d'œil le couloir et comprit aussitôt.

– Eh oui, soupira-t-il, c'est comme ça, on n'y peut rien...

– Alors, à quoi ça sert de les ramasser, de les nourrir, de les soigner, puisqu'ils meurent quand même ?

– Pas tous. Certains survivent.

– Combien, papa ? Combien ?

– Chut ! fit Fanch sévèrement. C'est une clinique ici, alors silence !

– C'est une clinique de merde ! gronda Lucie. On n'y sauve personne, c'est un... c'est un mouroir, voilà tout !

Grégoire s'arrêta.

– Je comprends que tu sois en colère, dit-il doucement. Moi aussi je suis en colère. Autant que toi et davantage encore, parce que je passe dix ou douze heures chaque jour à essayer de sauver ces oiseaux et parce qu'ils meurent malgré mes soins. Et tous ceux qui travaillent avec moi sont en colère.

– Ma mère est bénévole ici, mais elle ne nous a jamais raconté qu'il y avait autant de morts...

– Eh bien, maintenant vous savez. Mais je vous assure qu'on en sauve, d'ailleurs nous allons les voir. C'est pour ce petit nombre de rescapés qu'il faut continuer à se battre !

Ils avaient laissé derrière eux la longue bâtisse et se dirigeaient vers un enclos occupé par un bassin.

– Les oiseaux une fois lavés et rincés sont transportés ici, commenta Grégoire, et l'on teste la parfaite étanchéité de leur plumage.

– Qu'est-ce que c'est, l'étanchéité ? demanda Fanch.

– Ça veut dire que leur plumage ne prend pas l'eau, expliqua Yann brièvement. S'il prend l'eau, les oiseaux coulent.

– Et qu'est-ce qu'on fait s'ils coulent ?

– On recommence : bains moussants, rinçage, vérification.

– Quel boulot !

– Oui, beaucoup de boulot et, surtout, beaucoup de stress pour l'oiseau.

– Et s'ils sont étanches ? demanda Soizic.

– Venez...

En file indienne, ils suivirent leur guide qui les emmena, bien au-delà des bâtiments, vers une grande volière dressant dans l'ombre ses structures fantomatiques.

– Ici, c'était le terrain de sport du bagne. Vous voyez, on a creusé une piscine...

C'était bien une piscine, entourée d'un haut et fin treillage, dans laquelle s'ébattaient une vingtaine de guillemots et de pingouins. Blancs et noirs dans l'eau turquoise. Un blanc éclatant. Comme si, jamais, ils n'avaient été mazoutés.

– Et vous allez les garder ? questionna Fanch.

– Non, ils partiront après-demain pour l'Île Grande, dans les Côtes-d'Armor.

– Ils ne risquent pas d'être à nouveau mazoutés ?

– Pas là-bas, c'est beaucoup trop loin du lieu où s'est brisé l'*Erika*.

– On les transportera en avion ? demanda Yves.

– Oui. Pour eux, dernier stress, dernière

souffrance... Après, ce sera la liberté ! Ils s'envoleront pour l'Angleterre, l'Écosse ou l'Islande.

– Si loin ?

– C'est là-bas qu'ils ont coutume de nicher.

– Et nos guillemots, réclama Fanch, ils partiront aussi à l'Île Grande ?

– Bien sûr.

Par souci d'honnêteté, Grégoire ajouta :

– S'ils tiennent le coup.

– Vous voulez dire « s'ils ne crèvent pas avant », précisa Lucie.

Il corrigea paisiblement :

– Ici, les oiseaux ne crèvent pas, ils meurent. On les nomme « les piafs » par tendresse et il nous arrive de pleurer devant leurs cadavres comme tu l'as fait tout à l'heure.

Lucie se mordit les lèvres. Un silence un peu gêné plana sur le groupe.

– Regardez, murmura Yves, regardez comme c'est beau...

Une lune bien ronde venait de surgir derrière la masse sombre des arbres. Elle éclairait la piscine dont l'eau s'argentait en brèves vaguelettes. Elle éclairait les oiseaux qui, sur le bord, ébouriffaient leurs plumes à petits coups de bec. L'un d'eux s'élança brusquement, battit l'air frénétiquement de ses ailes courtes, rasa la surface de l'eau. Et la lune, ainsi qu'un projecteur de poursuite, accompagna son vol.

Yves et les enfants étaient plusieurs fois retournés à la clinique, Fanch exigeant de connaître, au jour le jour, l'état de santé de ses protégés. Deux d'entre eux avaient repris rapidement des forces, mais le troisième, malgré gavage et piqûres de glucose, avait continué à s'affaiblir et il était mort au soir du deuxième jour de soins. Fanch avait écouté l'annonce de cette mort avec stoïcisme. Il avait respiré un grand coup et dit d'une voix un peu étranglée :

– Il faut continuer à se battre pour les autres, pas vrai ? Il en reste deux, si on en sauve deux sur trois, c'est bien !

– C'est plus que bien, Fanch, c'est magnifique !

Yann avait demandé :

– Le pourcentage, c'est combien en moyenne ?

Yves avait fait le tour des regards levés vers lui et annoncé sobrement :

– Dix pour cent des oiseaux mazoutés arrivent à la côte, les autres meurent en mer.

– Seulement ? avait crié Soizic. Seulement un sur dix ?

Yves n'avait pas répondu. Des dizaines de milliers d'oiseaux étaient mazoutés. On compterait bientôt en centaines de milliers.

– Et sur ceux que l'on trouve, combien survivent ? avait insisté Yann.

– La moitié à peu près.

– Ben mon vieux !

– Comme tu dis…

Les deux guillemots avaient récupéré un poids honnête. Sous peu, ils seraient lavés. Bientôt, eux aussi voleraient au-dessus du bassin.

Yves Le Gall appuyait avec vigueur sur les pédales de son VTT, courbant le dos afin de mieux résister au vent accouru de l'ouest. Un vent qui s'engouffrait dans la départementale, pliait les branches des tamaris et secouait, devant les maisons, les mimosas en fleur.

Yves pensa que, dans moins de quinze jours, commenceraient les vacances de février et qu'elles seraient les bienvenues. Le mois qui venait de s'écouler avait été épuisant, car il avait consacré au nettoyage des plages chacune de ses journées de liberté. Aujourd'hui, les gros travaux de dépollution étaient achevés hormis au Skeul, à Borderun, dans les falaises où opéraient des spécialistes. Ailleurs, on peaufinait, on grattait les rochers et les barrières en bordure de dunes. On avait bien travaillé, les plages étaient pratiquement propres.

Yves avait laissé derrière lui le carrefour des Quatre-Chemins et filait en direction de Palais. Il avait à présent le vent de travers et devait lutter pour ne pas être déporté. De loin en loin, il était doublé par un véhicule. Le conducteur, prenant le cycliste dans ses phares et le reconnaissant, klaxonnait amicalement.

Le car de ramassage scolaire dépassa Yves à hauteur de Mérezel. Visages collés contre les vitres, les collégiens faisaient de grands signes à leur professeur. Très vite, le collège fut en vue. Yves déposa, comme d'habitude, sa machine au gymnase et se changea avant de gagner la salle des professeurs. Avant même d'ouvrir la porte, il fut saisi par le tumulte qui s'en échappait. Les enseignants étaient tous debout. La colère déformait leurs traits. Leurs vociférations étaient telles qu'Yves mit un certain temps à comprendre de quoi il s'agissait. Puis l'horrible réalité s'imposa à lui. De nouvelles nappes de fioul étaient venues souiller Belle-Île. Et pas seulement la Côte Sauvage, tournée vers le large. La côte intérieure, à son tour, était touchée, la côte Est de même. Port Andro, les Grands Sables, Bordardoué, Ramonette, étaient irrémédiablement pollués. Tout était à refaire.

– Cela s'est passé cette nuit ? demanda Yves.

– Eh oui…

– Hier soir déjà… Le vent poussait à la côte.

– Et personne ne les avait vues, ces nappes ?

– Mais si ! Bien sûr que si !

– Mon frère est pêcheur, il y a huit jours qu'il m'en a parlé.

– Tout le monde était au courant, forcément.

– Ils n'avaient qu'à envoyer des bateaux pour traiter le pétrole en mer !

– Mais ils s'en fichent !

– C'est toujours la même chose. À nous de nous débrouiller !

La sonnerie annonçant le début des cours vint couvrir le brouhaha. Il fallut pourtant plusieurs minutes avant que les professeurs se décident à quitter la salle. La colère leur faisait des masques durs.

Yves sortit le dernier.

Un goût amer lui emplissait la bouche.

La fatigue, d'un seul coup, plantait des serres douloureuses dans les muscles de ses épaules.

On allait donc recommencer. Ramasser, pelleter, gratter, brosser… Une nouvelle fois… Jusqu'à quand ?

Depuis huit jours, les responsables du Point Crise ne savaient plus où donner de la tête, car les vacances de février avaient amené à Belle-Île un contingent d'enseignants, de lycéens et d'étudiants. Des classes entières étaient venues, encadrées par leurs professeurs ; des maisons de quartier avaient envoyé des adolescents accompagnés de leurs éducateurs. De jeunes pompiers bénévoles de l'Est faisaient un stage sous la direction de leurs instructeurs.

Il fallait loger tout ce monde, former des groupes, établir des plannings sur la semaine, prévoir les bus pour le transport sur les sites et l'équipement en bottes, gants et cirés. Or c'étaient chaque jour plus de deux cents personnes qui travaillaient, sans compter, bien entendu, l'armée, les pompiers professionnels et la gendarmerie. Les matinées se passaient à tartiner de pâté des demi-baguettes pour confectionner les sandwichs destinés, en fin de journée, à nourrir les travailleurs affamés. À préparer d'énormes marmites de soupe brûlante et de thé sucré. Puis on chargeait les fourgonnettes et on gagnait les points de rendez-vous pour retrouver les bénévoles.

Certains arrivaient avec le minibus qui, à midi et demi tapant, se garait devant l'office de tourisme. Le chauffeur ouvrait la portière côté passagers et les regardait monter, les uns après les autres.

Les habitués, d'abord, ceux qui, depuis quelques jours, parfois même plusieurs semaines, se rendaient quotidiennement sur les plages afin de nettoyer. Les nouveaux, ensuite, débarqués la veille et un peu perdus.

Il y avait le doyen, âgé de quatre-vingt-un ans, et qui était arrivé à Belle-Île dès les premiers jours de janvier. Un autre retraité l'avait suivi de près, logeait comme lui dans une famille d'accueil et, du lundi au vendredi, quel que soit le temps, se présentait en bottes et ciré au départ de la navette qui conduisait les volontaires sur un des lieux choisis par le Point Crise pour le démazoutage. Survenaient invariablement un ou deux couples, généralement des étrangers à l'île mais qui y possédaient une résidence secondaire, un certain nombre de chômeurs et un étudiant en rupture de fac.

D'autres venaient en famille, en voiture ou à pied, comme continuaient à le faire Yves et les enfants. On distribuait le matériel, on donnait les consignes et toute la troupe s'engageait dans le chemin menant à la plage de Pouldon, Herlin ou Vasen.

Quatre, cinq heures plus tard, les bénévoles remontaient, charriant seaux et pelles, tirant les remorques lourdement chargées et arrachant à chaque pas leurs bottes aux ornières creusées par les tracteurs. Leurs cirés étaient maculés, ils avaient les cheveux rêches et poissés de sel, les lèvres gercées.

Deux mois s'étaient écoulés et rien n'avait changé. Cette deuxième marée noire reproduisait fidèlement la première. Cela s'arrêterait-il un jour ?

L'obscurité venait tandis que, débarrassés des vêtements noirs de fioul que l'on enfournait dans les sacs destinés à la décharge, petits et grands dévoraient les provisions et faisaient circuler les quarts jetables emplis de soupe à la tomate. On ramassait soigneusement gobelets, boîtes de Coca vides, mégots. Chacun regagnait son véhicule. Des portières claquaient. Des appels envahissaient le vallon :

– Je cherche une place dans une voiture !

– Pour aller où ?

– À Sauzon !

– Et nous, nous cherchons deux places pour Bangor !

– Moi, je vais à Palais, je peux vous déposer...

– Et nous, nous avons trois places !

– Dépêchez-vous, la navette s'en va !

Derrière les voitures particulières dont les phares trouaient la nuit, la navette démarrait à son tour. Ses passagers s'étaient laissé choir sur les sièges encapuchonnés de grands sacs de protection en plastique noir. Le chauffeur avait mis la radio en sourdine. Les conversations allaient à bruit menu. À la route en terre trouée de nids-de-poule succédait la départementale. Des maisons se dressaient, blanches aux volets bleus, massées autour d'une église.

Le minibus s'arrêtait.

Des volontaires descendaient, accompagnés par un chœur de « Bonsoir, à demain ! ».

Le véhicule repartait.

Après la place du marché, c'était le port et l'office de tourisme devant lequel le chauffeur se garait.

Saouls de fatigue et de vent, les bénévoles descendaient, s'égaillaient rapidement. Les uns partaient à pied, les autres enfourchaient les vélos qu'ils avaient garés sous les arbres. Un groupe se dirigeait vers les lumières d'un café.

Sur tous, la ville se refermait.

– Papa ! Grouille-toi !

Yves fouillait ses poches à la recherche des clés du 4 x 4 et, dehors, les trois enfants s'impatientaient.

– Tu as regardé dans ton sac à dos ? demanda Anne.

Elle décrocha le sac incriminé, le retourna sur la table. Il dégorgea, avec des carnets, un portefeuille et les papiers du véhicule, deux trousseaux de clés. Yves grogna de satisfaction et sortit précipitamment en brandissant son trophée.

Un « Ah ! » de satisfaction l'accueillit et la voix pointue de Fanch ajouta :

– Tu en as mis du temps !

Yves ébouriffa sans répondre les cheveux de son fils, s'installa au volant, Yann à côté de lui, Soizic et Fanch à l'arrière.

– En route ! cria-t-il.

Il agita la main par la portière et trois

autres mains se joignirent à la sienne. Anne, sur le seuil, répondit par un sourire, regarda retomber la poussière qu'avaient soulevée les roues au tournant du chemin. Le sourire persistait sur ses lèvres tandis que, des yeux, elle faisait le tour du jardin encore mouillé de rosée. Le ciel était clair, un soleil pâle montait derrière les buissons de genêts en boutons et jetait sur l'herbe des ombres longues. Une belle journée s'annonçait.

Anne s'en réjouit pour les enfants qui avaient attendu ce samedi avec impatience : vingt-cinq oiseaux devaient quitter la clinique et, parmi eux, les deux guillemots trouvés à Pouldon au mois de janvier. Ils avaient subi lavages et rinçages sans dommages et, dûment bagués, vivaient depuis dans la piscine.

Devant la clinique des oiseaux régnait une animation d'autant plus inhabituelle que, au cours des dernières semaines, l'activité s'était beaucoup ralentie. On amenait de moins en moins de victimes et les pensionnaires, peu à peu, s'en allaient. Les soigneurs n'étaient plus qu'une dizaine.

Yves était à peine garé que ses trois enfants et Lucie, récupérée au passage, descendirent et se précipitèrent dans le bâtiment, empruntèrent le couloir, coururent vers la piscine. Sur le bord, les guillemots, les pingouins et deux macareux criaient, secouaient leurs ailes, tentaient des vols brefs. Accoutumés aux visites, ils approchèrent du grillage, tournant la tête en tous sens, fixant un œil vif sur les enfants qui passaient les doigts à travers les mailles d'acier pour caresser leur plumage.

– Je suis sûr qu'ils nous reconnaissent, murmura Fanch.

– Tu répètes ça chaque fois qu'on vient les voir !

– Et alors ?

– Alors, poursuivit Soizic, on t'a déjà expliqué qu'ils ne pouvaient pas vraiment reconnaître nos traits, notre physionomie. Ils ne nous craignent pas, ils sont habitués à notre présence, mais c'est tout.

– Et quand ils sortiront d'ici, ils nous oublieront, conclut Yann.

– Moi, je ne crois pas, s'obstina Fanch. Je crois qu'ils se rappelleront toujours la nappe de fioul, la faim, le froid, la peur. Et si, un jour, ils voient une nouvelle nappe, ils fuiront parce qu'ils n'auront pas oublié.

Comme les autres ne répondaient pas, il insista :

– Vous ne croyez pas que j'ai raison ?

– Je ne sais pas ce que vaut la mémoire des oiseaux, dit Lucie prudemment.

– Je demanderai au maître, déclara Fanch.

– Ils garderont peut-être le souvenir de la nappe de fioul, mais ils oublieront la clinique et ils nous oublieront aussi.

Fanch jeta un regard furieux à son frère et grogna :

– D'abord, tu n'en sais rien !

Il ajouta, la voix lourde de rancune :

– Et si j'ai envie de penser que les guillemots ne m'oublieront pas, ce n'est pas toi qui m'en empêcheras.

Yann haussa les épaules, se mit à siffloter.

– Ça y est ! cria Soizic, ils viennent les chercher !

Les responsables entrèrent dans l'enclos, chargés des cartons percés de trous dans lesquels les oiseaux allaient voyager. Ils iraient en fourgonnette jusqu'à l'aérodrome, puis en avion jusqu'à l'Île Grande où se ferait le lâcher.

Les soigneurs, avec des gestes calmes et précis, enfermèrent dans les cartons les pensionnaires de la piscine.

Il y eut à peine quelques battements d'ailes, quelques cris.

Et, brusquement, l'enclos fut vide.

Les deux guillemots rescapés de Pouldon

avaient été emmenés comme leurs compagnons.

Un grand silence descendit sur le bassin déserté.

Yves posa le bras sur les épaules de son plus jeune fils, se pencha vers lui pour demander :

– Tu es content ?

– Je suis content pour eux, mais je suis triste pour moi, répondit Fanch.

Les poissonniers et les maraîchers installaient leurs étals lorsque Yves longea la place. Il tombait depuis plusieurs jours une pluie persistante qui obligeait les vacanciers à déambuler en ciré sous peine d'être changés en serpillière dans la demi-heure. D'ailleurs, lesdits vacanciers étaient peu nombreux et bien des logements en location restaient clos. On était pourtant en juillet. La pleine saison pour le tourisme, d'ordinaire.

D'ordinaire, oui, mais pas cet été-là.

Le naufrage de l'*Erika* pesait lourd et l'image de la Bretagne était méchamment ternie. Quant à cette météo désastreuse, elle n'arrangeait rien, évidemment... Les Bellilois, découragés, secouaient la tête et disaient d'un air navré :

– La saison ne se fera pas... On ne verra pas un chat... Faut comprendre les touristes : ils pensent que les plages sont polluées et, en plus, ils entendent à la télé et à la radio qu'il fait froid et qu'il pleut...

Il pleuvait, certes, mais le temps était très doux ; le vent qui poussait les nuages était léger et sans violence ; il faisait bon marcher jambes nues et, entre deux averses, le soleil se montrait dans un ciel nettoyé.

Et l'île était belle, verte et fleurie, après un printemps d'une étonnante chaleur qui avait empli les vallons de géraniums, de liserons et rebrodé les bords de plages de touffes d'immortelles. Les hortensias s'épanouissaient en massifs énormes, les genêts étendaient de l'or le long du sentier côtier. C'était le temps des bruyères, des pompons des dunes, des salicaires en gros buissons au bord des routes.

Yves se gara le long du trottoir, claqua sa portière, courut vers le môle, Yann sur ses talons. *L'Acadie*, en provenance de Quiberon, délivrait ses rares passagers après avoir effectué la première traversée. Yves chercha des yeux son neveu.

– Il est là ! Jean ! Jean ! cria Yann en agitant frénétiquement le bras pour que son cousin les repère.

Il les avait vus et s'avançait vers eux, portant sans effort un énorme sac à dos, souriant derrière ses petites lunettes rondes.

Ils s'embrassèrent, heureux et gênés dans le même temps.

– Ma parole, s'exclama Yves, tu as encore grandi !

– Mais non, à vingt-cinq ans on ne grandit plus, c'est toi qui te tasses !

– Je me tasse ! Attends que je te fiche ta peignée, tu verras si je me tasse !

Ils rirent.

Jean s'arrêta, regarda longuement le port, la citadelle, huma l'air chargé de pluie.

– Qu'est-ce que c'est beau ! Qu'est-ce que ça sent bon ! dit-il. J'avais oublié…

– Tu n'as qu'à venir plus souvent !

– Pas le temps. Les exams…

– Tu n'as pas bientôt fini ? demanda Yann.

– Presque. J'entre en dernière année.

– Et après tu es toubib ?

– Oui. Mais je veux faire une spécialisation, il faut compter trois années supplémentaires.

Ils avaient quitté Palais et roulaient sur la départementale.

– La Côte Sauvage est très abîmée ? s'inquiéta Jean.

Yves haussa les épaules, répondit en cherchant ses mots :

– Oui… Bien sûr… Oui et non. Comment te dire ? La marque de la marée noire est là, partout visible. Une ligne sombre qui endeuille les falaises à mi-hauteur. Et il faudra à la mer des années pour l'effacer. Mais le travail qui a été accompli sur les plages, dans la moindre crique, est magnifique !!! On peut se baigner presque partout...

– Pas à Herlin, intervint Yann, la plage est fermée. Et sur Hoëdic, alors là ! C'est l'horreur intégrale.

– Yann, tu exagères !

– Mais non ! Ils ont beau avoir planté des piquets avec des pancartes « plage propre », il reste des tas de coins complètement pollués, des rochers, des galets entièrement noirs. Tu verras si tu vas y camper !

– Justement, j'y compte bien.

– Je pourrai t'accompagner, comme l'été dernier ?

– Bien sûr.

– Chouette !

Les yeux de Yann s'emplirent de rêve à la pensée d'une semaine ou deux de camping presque sauvage avec Jean, tous les deux seuls dans la petite tente igloo, sur l'île d'Hoëdic. Hoëdic aux plages minuscules cernées de dunes blondes, fleuries de graminées. Hoëdic dont certaines criques tournées vers le large étaient caparaçonnées de mazout. Hoëdic, en maints endroits, défigurée.

Quand ils arrivèrent au Grand Cosquet, jardin et maison semblaient pareillement déserts.

– Anne travaille, je suppose ? demanda Jean.

– Oui, elle a eu la chance de conserver son emploi au centre de Thalasso. Ça n'a pas été le cas de tout le monde.

– Compression de personnel ?

– Bien sûr. Trop peu de réservations… Et c'est comme cela dans tous les secteurs. Je ne sais pas où sont les enfants, ajouta Yves en poussant la porte de la cuisine.

Une feuille arrachée à un cahier d'écolier était déposée en évidence au milieu de la table.

« Lucie est venue me chercher, je mange chez elle, gros bisous à Jean » y avait écrit Soizic.

– Bon, je sais au moins où se trouve le

numéro deux, marmonna Yves, mais je voudrais bien savoir où est le numéro trois.

Il appela :

– Fanch ? Fanch, tu es dans ta chambre ?

Mais aucun bruit ne provenait de l'étage.

– Où est-il passé, l'animal ? C'est étonnant qu'il ne nous ait pas entendus arriver.

Yves ressortit, se tint sur le seuil à côté de Jean, humant l'air à pleines narines. La pluie avait cessé et un rai de lumière tombait droit des nuages, vernissait les corolles des roses trémières assaillies de vols d'abeilles.

– Je me demande où il est, reprenait Yves quand Fanch arriva au galop.

Il se jeta au cou de son cousin et le bourra de coups de poing affectueux.

– Où étais-tu ? interrogea son père.

– Par là-bas... dit Fanch en montrant vaguement le village et les maisonnettes en ruines. Et vous savez quoi ? J'ai appris un texte pour l'arrivée de Jean ! Assieds-toi, Jean, et toi aussi, papa. Je vais vous le dire...

Les deux hommes s'assirent sur la marche du seuil, dos calé contre la porte, coudes aux genoux.

Fanch se planta en face d'eux, immobile, le regard fixé droit devant lui.

Il commença doucement :

– « Bandit ! Voyou ! Voleur ! Chenapan !
Au-dessus de l'île on voit des oiseaux
Tout autour de l'île il y a de l'eau
Bandit ! Voyou ! Voleur ! Chenapan !
Qu'est-ce que c'est que ces hurlements… »

Et Fanch, vers après vers, déroula le poème de Jacques Prévert avant de conclure d'une voix douce :

– « Au-dessus de l'île on voit des oiseaux
Tout autour de l'île il y a de l'eau. »

Inattendu, un cormoran se posa sur un piquet de clôture.

Il s'immobilisa, faisant sécher son plumage.

Noir et solitaire.

informations

cascade

J'ai vu dans mes yeux, dans mon rêve,
La NOTRE-DAME DES BRISANTS
Qui jetait à ses pauvres gens
Un gros navire sur leur grève...
Sur la grève des Kerlouans
Aussi goélands que les goélands.

Le sort est dans l'eau : le cormoran nage,
Le vent bat en côte, et c'est le *Mois Noir*...
Oh ! Moi je sens bien de loin le naufrage !
Moi, j'entends là-haut chasser le nuage !
Moi je vois profond dans la nuit, sans voir !

Tristan Corbière (1845-1875)
Le Naufrageur (extrait)

BELLE-ÎLE-EN-MER

Située à 15 km au sud de Quiberon, dans l'Atlantique, Belle-Île est la plus importante des îles bretonnes. Longue de 17 km, large de 5 à 10 km, elle culmine à 65 m audessus du niveau de la mer.

À l'est, la côte, bien protégée, offre des criques et des plages agréables : Les Grands Sables, Port Andro, et, orientées au sud, Kerel et Herlin. La Côte Sauvage, située à l'ouest, possède des falaises rocheuses impressionnantes qui plongent dans la mer. Le plateau, très exposé au vent, est couvert de champs de blé et d'étendues d'ajoncs. Les 140 villages de l'île se cachent dans les vallons abrités, au milieu des arbres et des prairies.

Belle-Île, grâce à sa situation géographique, était autrefois un bastion qui permettait de défendre la côte bretonne. Les Anglais et les Hollandais l'ont attaquée à plusieurs reprises. Il reste de cette époque la citadelle qui se trouve dans la petite ville de Le Palais. Construite au XVIe siècle sous Henri II, elle a été renforcée par Vauban. Elle a longtemps servi de prison.

Le Grand Phare, situé près de Goulphar, est, avec 256 marches, 46 m de haut et 120 km de portée, l'un des plus puissants d'Europe. Certains sites de l'île sont remarquables : la grotte de l'Apothicairerie est creusée de cavités où nichent les cormorans, les Aiguilles de Port-Coton sont ainsi appelées parce que la mer bouillonne comme de gros paquets de coton entre des aiguilles rocheuses dont certaines sont percées de grottes, et la pointe des Poulains surmontée de son phare est complètement isolée de Belle-Île lors des grandes marées.

LE SAVEZ-VOUS ?

Au XVIIIe siècle, des descendants de colons français installés au Canada ont refusé de se soumettre aux Anglais qui avaient pris possession du pays. Ils furent déportés et envoyés à Belle-Île par Louis XV.
Ils ont apporté la pomme de terre qu'ils ont cultivée plusieurs années avant qu'Antoine Parmentier n'en généralise la consommation.
Belle-Île a été le refuge de nombreux artistes : des acteurs dont Sarah Bernhardt (un fort porte son nom) et Arletty, le peintre Claude Monet, le compositeur Albert Roussel.

LE RAIL D'OUESSANT

Le rail d'Ouessant, passage strictement réglementé pour les navires qui remontent la Manche vers la mer du Nord, est entré en vigueur le 1er janvier 1979. Il est formé de trois voies : deux voies à sens unique situées à 5 milles nautiques de la côte et séparées par 8 milles nautiques. Une troisième voie, plus au large, est réservée aux pétroliers et aux navires transportant des produits chimiques ou dangereux.

Depuis 1996, tout navire qui emprunte le rail doit se signaler au CROSS Corsen, organisme chargé de la surveillance. Le radar de Stiff, situé au sommet d'une tour de 72 mètres, contrôle l'ensemble du trafic.

Des navires patrouillent en permanence pour remettre sur le droit chemin les bâtiments qui ne respectent pas la réglementation. En cas d'avarie, le puissant remorqueur Abeille Flandre, basé à Brest, intervient.

NAUFRAGES

Torrey Canyon

Le 18 mars 1967, il s'échoue dans la Manche sur les récifs des Seven Stones.
120 000 tonnes de pétrole brut s'échappent de ses cuves et polluent 180 km de côtes françaises et anglaises, provoquant plusieurs milliards de dégâts.
100 000 tonnes d'algues et 35 000 tonnes de poissons, coquillages et crustacés sont détruites par les détergents utilisés pour le nettoyage.

Olympic Bravery

Le 24 janvier 1976, ce pétrolier neuf s'échoue au large de l'île d'Ouessant. Le 13 mars, il se brise en deux au cours d'une tempête, laissant échapper 800 tonnes de pétrole.
Il faudra trois mois pour nettoyer les côtes.

Boehlen

Le 17 octobre 1976, il coule au large de l'île de Sein, faisant 25 morts. Il y a 11 rescapés.

Sur les 9 700 tonnes de pétrole brut qu'il transportait, 2 000 tonnes sont récupérées, le reste pollue la côte.
Il y a 130 millions de francs de dégâts.

Amoco Cadiz

Le 16 mars 1978, il s'échoue devant Portsall (Finistère) avec 240 000 tonnes de pétrole brut dans ses soutes.
360 km de côtes et 200 000 ha de surface marine sont pollués.

Gino

Le 28 avril 1979, il entre en collision avec un pétrolier norvégien. Il coule six heures plus tard.
Il transportait 41 000 tonnes de bitume très lourd, dont une partie remonte à la surface.

Tanio

Le 7 mars 1980, ce pétrolier malgache transportant 27 000 tonnes de fioul lourd se casse en deux au nord de l'île de Batz. Il y a 8 morts.
L'arrière du bâtiment est remorqué jusqu'au Havre. De l'avant, s'échappent 8 000 tonnes de fioul qui polluent 140 km de côtes.

Erika

Le 13 décembre 1999, ce pétrolier battant pavillon maltais, avec 26 marins indiens à son bord, se brise en deux à 70 km au sud de Penmarch. Il transporte dans ses soutes 30 000 tonnes de fioul lourd. 400 km de côtes de Bretagne et de Loire-Atlantique sont souillés. Les dégâts sont estimés à 450 millions d'euros.
Les 20 000 tonnes de fioul restées dans les deux parties de l'épave, échouées à plus de 120 m de profondeur, ont été pompées grâce à des techniques complexes.

Ievoli Sun

Le 31 octobre 2000, il sombre au large du Cotentin avec une cargaison de 6 000 tonnes de produits chimiques.

L'ÉCHELLE DE BEAUFORT

Créée par l'amiral anglais Francis Beaufort en 1805.

0	Calme	Vitesse inf. à 1 km / h
1	Très légère brise	1 à 5 km / h
2	Légère brise	6 à 11 km / h
3	Petite brise	12 à 19 km / h
4	Jolie brise	20 à 28 km / h
5	Bonne brise	29 à 38 km / h
6	Vent frais	39 à 49 km / h
7	Grand frais	50 à 61 km / h
8	Coup de vent	62 à 74 km / h
9	Fort coup de vent	75 à 88 km / h
10	Tempête	89 à 102 km / h
11	Violente tempête	103 à 117 km / h
12	Ouragan	118 km / h et plus

Elle permet de mesurer la force du vent et les effets qu'il produit sur la mer.

La mer est comme un miroir.
Formation de rides, sans écume.
Vaguelettes courtes.
Très petites vagues qui commencent à déferler.
Petites vagues, écume.
Vagues, nombreux moutons.
Des lames se forment, crêtes d'écume plus étendues.
La mer grossit, lames déferlent, l'écume est soufflée en traînées.
Lames de plus en plus allongées, tourbillons d'embruns qui se détachent des crêtes.
Grosses lames qui commencent à déferler en rouleaux, épaisses traînées d'écume.
Très grosses lames en rouleaux, à longues crêtes en panache. La mer paraît blanche.
Lames exceptionnellement hautes. Visibilité réduite.
L'air est plein d'écume et d'embruns, la mer est blanche, la visibilité très réduite.

Ces dossiers ont été réalisés en collaboration avec Nicole Bustarret.

cascade — 11-12 ans

À CLOCHE-CŒUR
Marie-Florence Ehret.

L'ACROBATE DE MINOS
L.N. Lavolle.

ADIEU BENJAMIN
Chantal Cahour.

L'AMOUR K.-O.
Jean-Paul Nozière.

B COMME BÉATRICE
Geneviève Senger.

LE BALLON D'OR
Yves Pinguilly.

CLARA ET L'ANGE TATOUÉ
Catherine Porte.

UN CŒUR AU CREUX DE LA VAGUE
Hortense Cortex.

COUP DE FOUDRE
Nicole Schneegans.

LA COUR AUX ÉTOILES
Évelyne Brisou-Pellen.

CYRANO JUNIOR
François Charles.

LE DÉFI DE MISS CAMBOUIS
Marie Dufeutrel.

LES DEUX MOITIÉS DE L'AMITIÉ
Susie Morgenstern.

EN SCÈNE LES 5e
Pascale Perrier.

L'ÉTÉ DE SILVIO
Jean-Côme Noguès.

L'ÉTÉ JONATHAN
Marie Dufeutrel.

UNE FILLE DE RÊVES
Éric Sanvoisin.

LA GRIFFE DES SORCIERS
Évelyne Brisou-Pellen.

L'INCONNU DU JEUDI SOIR
Roselyne Bertin.

LE JOUR DU MATCH
Gilberte Niquet.

JULIETTE CHERCHE ROMÉO
Paul Thiès.

LE MAÎTRE DE LA SEPTIÈME PORTE
Évelyne Brisou-Pellen.

MON JOURNAL DE GUERRE
Yvon Mauffret.

LE MYSTÈRE DE LA NUIT DES PIERRES
Évelyne Brisou-Pellen.

PABLO À LA VIE À LA MORT
Yves-Marie Clément.

UN PONEY BLANC NEIGE
Anne Eliot Crompton.

PRISONNIER DE LA RIVIÈRE NOIRE
Alain Surget.

PRISONNIÈRE DES MONGOLS
Évelyne Brisou-Pellen.

UNE RANDONNÉE D'ENFER
Pascale Perrier.

RENCONTRES SECRÈTES
Catherine Porte.

RENDEZ-VOUS AU COLLÈGE
Stéphane Méliade.

LE RÊVE DE L'OISEAU BLEU
Roger Judenne.

LE ROI VAGABOND
C. Porte – R.-C. Labalestra.

ROLLERS DE CHOC
Stéphane Daniel.

SÉRIE NOIRE POUR BABACAR
Michel Girin.

TEMPÊTE SUR L'ERIKA
Roselyne Bertin.

LE TRÉSOR DU MENHIR
Yvon Mauffret.

UN TRÉSOR DANS L'ORDINATEUR
Jacques Asklund.

LA VOIX DU VOLCAN
Évelyne Brisou-Pellen.

Cascade — Policier

À L'HEURE DES CHIENS
Évelyne Brisou-Pellen.

ALLÔ ! ICI LE TUEUR
Jay Bennett.

ARRÊTEZ LA MUSIQUE !
Christian Grenier.

ASSASSIN À DESSEIN
Claire Mazard.

L'ASSASSIN CRÈVE L'ÉCRAN
Michel Grimaud.

L'ASSASSIN EST UN FANTÔME
François Charles.

CENT VINGT MINUTES POUR MOURIR
Michel Amelin.

CHAPEAU LES TUEURS !
Michel Grimaud.

LE CHAUVE ÉTAIT DE MÈCHE
Roger Judenne.

COUP DE BLUES POUR DAN MARTIN
Lorris Murail.

COUPS DE THÉÂTRE
Christian Grenier.

CROISIÈRE EN MEURTRE MAJEUR
Michel Honaker.

DAN MARTIN DÉTECTIVE
Lorris Murail.

DAN MARTIN FAIT SON CINÉMA
Lorris Murail.

DAN MARTIN FILE À L'ANGLAISE
Lorris Murail.

LE DÉMON DE SAN MARCO
Michel Honaker.

DRÔLES DE VACANCES POUR L'INSPECTEUR
Michel Grimaud.

DU VENIN DANS LE MIEL
Évelyne Brisou-Pellen.

LES FICELLES DU CRIME
Nathalie Charles.

L'HÔTEL MAUDIT
Alain Surget.

LA MALÉDICTION DE CHÉOPS
Jean Alessandrini.

MENSONGE MORTEL
Stéphane Daniel.

MEURTRES À L'HARMONICA
François Charles.

MYSTÈRE AU POINT MORT
Évelyne Brisou-Pellen.

LA NUIT DE L'ÉTRANGLEUR
Évelyne Jouve.

L'OMBRE DE LA PIEUVRE
Huguette Pérol.

OMBRES NOIRES POUR NOËL ROUGE
Sarah Cohen-Scali.

ON NE BADINE PAS AVEC LES TUEURS
Catherine Missonnier.

L'ORDINATUEUR
Christian Grenier.

PAS DE QUOI RIRE !
Jean Alessandrini.

L'OURS SORT SES GRIFFES
Jean Alessandrini.

PIÈGES ET SORTILÈGES
Catherine Missonnier.

QUI A TUÉ ARIANE ?
Yves-Marie Clément.

RÈGLEMENT DE COMPTES EN MORTE-SAISON
Michel Grimaud.

SIGNÉ VENDREDI 13
Paul Thiès.

LA SORCIÈRE DE MIDI
Michel Honaker.

SOUVIENS-TOI DE TITUS
Jean-Paul Nozière.

LE TUEUR MÈNE LE BAL
Hervé Fontanières.

LE VAMPIRE CONTRE-ATTAQUE
Hervé Fontanières.

LES VISITEURS D'OUTRE-TOMBE
Stéphane Daniel.

LES VOLEURS DE SECRETS
Olivier Lécrivain.

L'AUTEUR

Roselyne Bertin est née à Marseille en 1947. Après ses études de lettres, elle a enseigné comme professeur de français à Marseille puis en Franche-Comté, dans un collège du Doubs. Elle a publié plusieurs livres pour adultes et pour la jeunesse dont *Mini Max et maxi durs* dans la collection Cascade Pluriel (Prix Jeunesse et Sports). Elle mène sa carrière d'écrivain tout en continuant à enseigner et à parcourir à pied les sentiers des Vosges et des Alpes. Ses autres loisirs préférés sont le ski, la lecture, le théâtre, le cinéma.

L'ILLUSTRATEUR

Michel Riu est né à Paris en 1956 mais ses racines sont catalanes.
Après quatre années d'études de dessin à Bruxelles, il revient en région parisienne. Il se consacre alors plus particulièrement à la bande dessinée et fait paraître quelques albums.
Il réalise aussi des illustrations pour différentes revues et se passionne pour le livre de jeunesse. Il anime parfois des ateliers dans des écoles ou des bibliothèques où il fait partager son goût pour l'image dessinée. Aux beaux jours, il aime particulièrement faire des aquarelles d'après nature, que ce soit en ville ou en campagne.

Achevé d'imprimer en février 2001
Dépôt légal : février 2001
N° d'édition : 3538
N° d'imprimeur : 88978